Como se formo la Biblia

Serie «Conozca su Biblia»

Cómo se formó la Biblia

por Ediberto López

Augsburg Fortress

MINNEAPOLIS

Library of Congress Cataloging-in-Publication Data
Lopez, Ediberto, 1955-
  Como se formo la Biblia / por Ediberto Lopez.
    p. cm. — (Serie Conozca su Biblia)
  Includes bibliographical references (p.).
  ISBN 0-8066-8071-7 (pbk. : alk. paper)
  1. Bible—Canon. I. Title. II. Series: Conozca su Biblia.
BS465.L67 2006
220.1'2—dc22   2006005682

SPANISH
220.1
LOP 10.06

10   09   08   07   06   1   2   3   4   5   6   7   8   9   10

Esta serie

«¿Cómo podré entender, si alguien no me enseña?» (Hechos 8.31). Con estas palabras el etíope le expresa a Felipe una dificultad muy común entre los creyentes. Se nos dice que leamos la Biblia, que la estudiemos, que hagamos de su lectura un hábito diario. Pero se nos dice poco que pueda ayudarnos a leerla, a amarla, a comprenderla. El propósito de esta serie es responder a esa necesidad. No pretendemos decirles a nuestros lectores «lo que la Biblia dice», como si ya entonces no fuese necesario leer la Biblia misma para recibir su mensaje. Al contrario, lo que esperamos lograr es que la Biblia sea más leíble, más inteligible para el creyente típico, de modo que pueda leerla con mayor gusto, comprensión y fidelidad a su mensaje. Como el etíope, nuestro pueblo de habla hispana pide que se le enseñe, que se le explique, que se le invite a pensar y a creer. Y eso es precisamente lo que esta serie busca.

Por ello, nuestra primera advertencia, estimado lector o lectora, es que al leer esta serie tenga usted su Biblia a la mano, que la lea a la par de leer estos libros, para que su mensaje y su poder se le hagan manifiestos. No piense en modo alguno que estos libros substituyen o pretenden substituir al texto sagrado mismo. La meta no es que usted lea estos libros, sino que lea la Biblia con nueva y más profunda comprensión.

Por otra parte, la Biblia—como cualquier texto, situación o acontecimiento—se interpreta siempre dentro de un contexto. La Biblia responde a las preguntas que le hacemos; y esas preguntas dependen en buena medida de quiénes somos, cuáles son nuestras inquietudes, nuestra dificultades, nuestros sueños. Por ello estos libros escritos en nuestra lengua, por personas que se han formado en nuestra cultura y la conocen. Gracias a Dios, durante los últimos veinte años ha surgido dentro de nuestra comunidad latina todo un cuerpo de eruditos, estudiosos de la Biblia que no tiene nada que envidiarle a ninguna otra cultura o tradición. Tales son las personas a quienes hemos invitado a escribir para esta serie. Son personas con amplia experiencia pastoral y docente, que escriben para que se les entienda, y no para ofuscar. Son personas que a través de los años han ido descubriendo las dificultades en que algunos creyentes y estudiantes tropiezan al estudiar la Biblia —particularmente los creyentes y estudiantes latinos. Son personas que se han dedicado a buscar modos de superar esas dificultades y de facilitar el aprendizaje. Son personas que escriben, no para mostrar cuánto saben, sino para iluminar el texto sagrado y ayudarnos a todos a seguirlo.

Por tanto, este servidor, así como todos los colegas que colaboran en esta serie, le invitamos a que, junto a nosotros y desde la perspectiva latina que tenemos en común, se acerque usted a estos libros en oración, sabiendo que la oración de fe siempre recibirá respuesta.

Justo L. González
Editor General
Julio del 2005

Contenido

Reconocimientos

Quiero aprovechar esta introducción para dar unas palabras de gratitud. Primeramente quiero agradecer al Dr. Justo González la invitación a escribir este primer volumen. Justo ha sido un mentor que me ha acompañado por los últimos 30 años de mi vida. Sin su modelaje y bondad, pero también sin su crítica acertada, este libro no habría podido ser escrito ni publicado. Justo le dio seguimiento detallado a la edición de estas páginas. Quiero agradecer su consejo en este proceso que me ha enriquecido tanto. Desde luego, yo soy responsable del contenido de lo que ahora se publica.

Quiero dedicar este libro a dos de mis maestros, Alfred Wade Eaton y Jorge Luis Bardeguez. Jorge Luis fue un maestro de soga corta que no le temió a mi manejo mágico del texto bíblico y que me ayudó a separar la paja del grano y a cobrar conciencia sociológica de toda producción teológica. Wade Eaton fue el gran maestro de exégesis bíblica de nuestro Seminario en San Juan por las últimas tres décadas. Eaton me enseñó los pasos fundamentales de la exégesis y la hermenéutica. Su pasión por la Biblia es inolvidable. La Biblia podía alegrarle, edificarle, darle coraje, pero nunca aburrirle. No tuve la oportunidad de reconocerle en vida. Espero que de alguna manera este libro sea un merecido reconocimiento a este gran maestro.

Por lo demás, le doy gracias a Dios por su palabra. La palabra de Dios y su presencia son el verdadero alimento que le ha dado sentido a mi vida.

Paz con justicia,

Ediberto López
14 de julio de 2005

Introducción

Este libro es una historia breve y sencilla de cómo se formó la Biblia. Algunos detalles de estilo y redacción deben aclararse de entrada. Algunos términos claves y técnicos se señalan con un asterisco [*], lo que indica que este concepto se define en el Glosario al final del libro. Generalmente, los nombres de fuentes primarias se indican mediante el uso de *bastardillas*. Como texto bíblico básico he usado la versión de Reina Valera revisada en 1995 (RVR) en todas las citas bíblicas, a menos que no se explique entre paréntesis el uso de otra versión. He incluido en la bibliografía los libros y artículos principales que deben tomarse en consideración en una investigación sobre la formación de la Biblia. Los libros que he incluido en inglés son obras recientes, fundamentales para cualquier estudiante de la Biblia.

En estas páginas he tratado de hablar con nuestro pueblo creyente. Obviamente, hay detalles más especializados, y doy atisbos de los mismos; pero tales detalles deberán aparecer en una obra posterior más técnica. De todas maneras, confío y me gozo en la inteligencia y sabiduría de nuestro pueblo. Mi experiencia como predicador y maestro en nuestras iglesias me indica que nuestro pueblo está listo para dialogar sobre la fe más allá de una credulidad ingenua. Algunas secciones del libro parecen difíciles; pero vale la pena hacer el esfuerzo para poder aprovechar la Biblia como palabra de Dios, y descubrir su gran riqueza humana y cultural.

Momentos claves en la formación de la Biblia

Capítulo 1

Cuando yo era pequeñito, mi abuela me leía la Biblia casi diariamente. Los relatos bíblicos iban tejiendo mi imaginario cultural. A través de estos relatos, mi abuelita iba enseñándome su cultura y sus valores. Mamá iba alimentando mi hambre de cariño y significado a través de la Biblia. De ahí en adelante, la Biblia ha sido para mí un libro vital. La Biblia me ha servido como espejo para mirar mi vida y la vida en general. Es como si a través de ella se me prestaran de los personajes, las historias y las tramas de manera que yo pudiera aprender cómo vivir adecuadamente. Esa experiencia de aprender a vivir, de adquirir el significado de la vida y encontrar la presencia de Dios en la Biblia, es lo que he experimentado como la palabra de Dios. Digo «palabra de Dios» con letra minúscula, porque sólo Jesucristo es la Palabra de Dios con letra mayúscula (Jn 1.1). Pero no menosprecio esa palabra en minúscula. Es minúscula por ser un testimonio del pueblo de Dios sobre la presencia de Dios en la vida y en la historia. Pero es palabra de Dios. Cuando nos acercamos a la Biblia, nos parece que tenemos un encuentro inmediato y vital con las historias que allí se narran. La Biblia tiene este poder de evocación entre creyentes como lugar de encuentro e interpelación divina al ser humano. Esto sucede porque el texto bíblico cuenta acontecimientos donde se hace patente la presencia salvadora de Dios en la vida humana. Esos sucesos en que Dios se revela son los lugares donde comenzó a tejerse nuestra Biblia. La Biblia, en gran medida, mezcla los eventos de la vida humana a través de las largas generaciones del pueblo de Israel y las primeras del cristianismo con estos eventos salvíficos tan significativos. Estos eventos salvíficos que se mezclan con la vida cotidiana de los personajes bíblicos son los que nos interpelan en cada acto de lectura y reflexión. Al leer la Biblia, acogemos estos acontecimientos en que se hace patente la presencia de Dios en medio de la vida como paradigmas de la presencia de Dios en los sucesos cotidianos de nuestra vida.

Podríamos decir que la Biblia es testigo de varios momentos. El primer momento narra eventos sagrados en que se reveló la presencia de Dios en las historias de los padres y madres de Israel y entre los cristianos originarios. Ese primer momento sagrado presenta historias en que se describe la presencia de Dios en la vida, y que se contaron de generación en generación antes de que llegaran a cristalizar en un texto.

El segundo momento en las tradiciones bíblicas fue cuando estas historias de la presencia de Dios en la vida cotidiana tomaron forma en textos escritos u orales. Cuando un texto se cristaliza a nivel oral, ya hay estructuras bastante rígidas que guían su presentación. La diferencia está en que cada persona que lo cuenta añade sus recursos retóricos. Pero un examen de este tipo de discurso en sus diversas versiones nos muestra que todos los que relataron la historia tenían una trama común, seguían un patrón común, del que sólo se desviaban en detalles que tenían que ver con el estilo y el momento en que se narró. Cuando los textos de las tradiciones populares llegan a esta fase, están a un paso de convertirse en tejido escrito. Ya aquí encontramos las versiones escritas en un contexto cultural. Son versiones similares de las que podemos inferir un patrón, pero notamos el estilo y contenido de la tradición oral que ha imperado en el momento de pasar a la fase del texto escrito. Los estudiosos de la Biblia han podido separar nuestros relatos finales en colecciones de historias, dichos, enseñanzas y relatos populares. Este segundo momento implicó un proceso de selección entre muchas historias de Dios en su encuentro con su pueblo. Hubo muchas más historias donde se testificó la presencia de Dios. La Biblia sólo recogió una serie de esas historias del encuentro de lo divino con lo humano en la historia del pueblo de Dios. Esto implica que la Biblia nos sirve como modelo de toda otra historia donde Dios sale a nuestro encuentro. Los relatos de la Biblia nos ayudan así a discernir los espíritus en otros relatos similares más allá de la Biblia que apuntan a la presencia de Dios.

Las historias que leemos y atesoramos en el texto bíblico han pasado por un largo proceso de interpretación. Los autores bíblicos y sus fuentes en la tradición oral hilvanaron relatos diversos sobre esos momentos sagrados en que se podía testificar la presencia de Dios. Esas historias habían sido relatos orales que se contaban en la cultura para señalar la presencia de Dios, pero también para explicar la vida, la muerte, la enfermedad, algún conflicto, alguna institución cultural, algún tipo de enseñanza conducente a la vida, etc. Estas historias circularon durante mucho tiempo en la cultura oral hasta que fue necesario cristalizarlas en tradiciones escritas que, eventualmente, llegaron a ser colecciones sagradas para Israel y para los padres y madres de la Iglesia. En conclusión, muchas de las historias que leemos en nuestras iglesias y en nuestra vida devocional originalmente fueron relatos del pueblo sobre acontecimientos en que se podía testificar la presencia salvífica de Dios en forma de relato, legislación, dicho de sabiduría, etc.

Un tercer momento fue la cristalización en los libros de la Biblia de momentos claves en la historia de Israel y de los cristianos originarios. Los eruditos bíblicos han señalado una serie de acontecimientos catalíticos para las tradiciones bíblicas que poseemos hoy. Podemos mencionar algunos de ellos: el exilio en Babilonia (587 a.C.), la reconstrucción de Israel luego del exilio (520 a.C. en adelante), el período de la independencia israelita frente a los reinos helenistas (161–65 a.C.), la necesidad de dirección apostólica en la comunidades gentiles fundadas por el apóstol Pablo (ca. 50 al 58 d.C.), los incidentes alrededor de la destrucción del segundo templo (70 d.C.), la muerte de los *cristianos originarios*, los conflictos sobre la identidad del cristianismo frente a la multiplicidad de cristianismos a finales del primer siglo y principios del segundo siglo. Todos éstos fueron momentos medulares en que fue necesario poner por escrito grandes cuerpos literarios que a la postre formaron la Biblia.

Un cuarto momento fue el proceso canónico en sí mismo. En el proceso canónico, ya se discutió qué libros debían pertenecer a la Biblia y los criterios que debía tener un libro para poder ser considerado libro con autoridad teológica y pastoral para el pueblo de Dios. Este proceso canónico fue distinto dentro de los judaísmos y de los *cristianismos formativos*. En ese proceso se cristalizó finalmente la Biblia para las comunidades de fe del judaísmo y del cristianismo.

En este libro vamos a repasar estos momentos de la formación de la Biblia. Haremos un repaso de la autoridad de los relatos de la cultura popular, como lugares del primer momento de encuentro entre Dios y su pueblo en la historia y en la cultura. De ahí pasaremos a una revisión de esa fase oral y escrita más antigua, hasta que se integraron las grandes colecciones que eventualmente formaron nuestros textos bíblicos. Además, veremos por qué hay diferencia respecto al contenido y el orden de los libros sagrados. La idea es aclarar a nuestros lectores y lectoras el hermoso camino por el que los eventos salvadores de Dios llegaron a formar nuestros textos bíblicos. La Biblia nos deja volver a cada uno de esos momentos sagrados de diálogo e interpelación de la palabra de Dios y de discernimiento de esta palabra por parte del pueblo de Dios. El himno «Bellas palabras de vida» recoge dimensiones de la palabra de Dios que hallamos en nuestra Biblia, cuando la leemos guiados por la presencia de Dios y en actitud de servicio, amor y piedad auténtica. El himno dice:

«¡Oh! cantádmelas otra vez, bellas palabras de vida.
Hallo en ellas mi gozo y luz, bellas palabras de vida.
Sí, de luz y vida, son sostén y guía.
¡Qué bellas son, qué bellas son! Bellas palabras de vida.

Jesucristo a todos da bellas palabras de vida.
Oye su grata invitación, bellas palabras de vida.
Bondadoso te salva, y al cielo te llama.
¡Qué bellas son, qué bellas son! Bellas palabras de vida.

Grato el cántico sonará, bellas palabras de vida.
Tus pecados perdonará, bellas palabras de vida.
Sí, de luz y vida, son sostén y vida.
¡Qué bellas son, qué bellas son! Bellas palabras de vida.»

La Escritura como palabra a favor de la vida

Capítulo 2

Mi experiencia como pastor evangélico me ha mostrado que en la vida de nuestras iglesias la Biblia se considera palabra sagrada por el poder que tiene para darle sentido a la vida. Muchas historias señalan el poder de la Biblia para transformar la vida y ser el fundamento espiritual de grandes movimientos sociales. Como ejemplo contaré unas anécdotas que son típicas de este poder de la Biblia en nuestro pueblo.

La primera la escuché de un compañero profesor de Antiguo Testamento. Es la historia de uno de los fundadores de la Iglesia Metodista cubana. Este hermano recibió un Nuevo Testamento de los Gedeones en La Habana de finales del siglo XIX. Metió el librito en su chaqueta y siguió con sus actividades de baile, botella y juerga. Cuando terminó sus actividades sintió el librito en su chaqueta. Lo sacó y comenzó a leerlo. Cuando llegó al Sermón del Monte, se convenció de que Dios le pedía una transformación completa de su vida. Tenía que abandonar su vida de bebida, juerga, y malas costumbres de salud. La palabra de la Escritura había calado en su alma, y ahora era un nuevo ser humano.

La segunda historia cuenta la transformación de Juan Wesley, el fundador de mi tradición metodista. Wesley era un ministro educado en la mejor tradición de la Iglesia de Inglaterra. Había sido pastor y misionero en Georgia. En su viaje a América conoció a los moravos. La piedad, la espiritualidad y la tranquilidad de éstos, incluso cuando el barco parecía zozobrar, le impactaron. Regresó a Inglaterra luego de un fracaso pastoral. Algún tiempo después, en un culto, mientras se leía el prefacio de Lutero a la carta a los romanos, Wesley sintió un fuego extraño en su corazón, y se convenció de que todos sus pecados habían sido perdonados. Esta fue una experiencia bajo el abrigo de las Escrituras.

Una tercera historia sobre la Biblia como una palabra sanadora y consoladora de Dios es la de una de mis feligresas en Puerto Rico. Hace muchos años atrás su hijo fue asesinado. Fue un asesinato de odio. El joven fue literalmente descuartizado. Para mi feligresa, su esposo y el resto de su familia, esto fue un trauma que la acompañaría el resto de su vida. ¿Cómo podría hallar equilibrio psicológico y espiritual para su vida? La lectura bíblica en oración y servicio la ayudó a comprender su sufrimiento y a regresar a una vida con propósito. En un culto de oración, nos leyó el Salmo 23, y reflexionó sobre su experiencia trágica. Interpretó la frase «nada te faltará» con gran sabiduría. Señaló que esta frase tenía un significado más allá de la visión optimista tradicional. El «nada te faltará» no prometía sólo bendiciones, sino que la presencia de Dios implicaba que podía haber cualquier cantidad de sufrimientos. En la frase «nada te faltará» debíamos incluir las bendiciones y las penurias. La gracia de Dios se manifestaba de una manera única en el Salmo porque a pesar del sufrimiento tan grande de haber perdido a su único hijo a manos criminales, Dios la acompañaba como pastor, haciéndole claro que la fe no es un salvoconducto para evitar los sufrimientos, sino una promesa de la presencia divina en las buenas y en las malas. Nunca se me había ocurrido esta interpretación para el Salmo 23. Esta historia nos muestra el poder de la Biblia para darle significado a la vida. La Biblia leída con sabiduría y fe se convierte en palabra viva de Dios para consolar, sanar, dar dirección ética. Por medio del Espíritu Santo, el texto antiguo vuelve a convertirse en una palabra viva de Dios.

La Biblia como palabra de Dios viene al encuentro del ser humano a interrogarnos sobre nuestra autenticidad, sobre la justicia, la integridad y la calidad de vida que hay entre nosotros. La Biblia tiene el potencial de llamarnos a una vida auténtica. Pero la voz de la Biblia va más allá de los individuos. En la Biblia, Dios como Señor hace un reclamo para una vida en justicia y solidaridad en todas nuestras relaciones: familiares, sociales, ecológicas, políticas. Una mirada a algunos pasajes bíblicos basta para ver ese poder de evocación de la Biblia. En todos estos casos, se han cumplido las palabras del Salmo 119.105: «Lámpara es a mis pies tu palabra y lumbrera a mi camino.»

El místico católico Tomás Merton se preguntó en la obra *Opening the Bible* qué es lo que hace de la Biblia una palabra vital para quienes la leen. Merton responde que el punto medular de la Biblia es su poder para interpelar al ser humano. Una mirada a algunas preguntas en los pasajes bíblicos nos muestra el poder de interpelar que la Biblia tiene. En Génesis 3 se nos presenta el relato de la transgresión inicial del mandamiento divino. Dios llama al ser humano en el paraíso, pero éste se esconde de Dios. La pregunta es medular a toda existencia humana auténtica o inauténtica: «Jehová Dios llamó al hombre, y le preguntó: — ¿Dónde estás?» (Gn 3.9). Esta es una pregunta que sacude a cada lector y lectora. Adán es un personaje que representa a cada lector y lectora de la Biblia. El diálogo entre Dios y Adán sigue interpelándonos hoy: ¿Dónde estoy como ser humano en relación con Dios? ¿Dónde estoy situado en la vida? ¿Dónde estoy situado frente a mi prójimo?

Otro ejemplo del poder de interpelar no los presenta el relato de Génesis 4, el primer fratricidio. El relato presenta la situación de violencia entre Caín y Abel. Muestra la dinámica humana de competencia, envidia, malevolencia. Dios interviene y advierte a Caín sobre el potencial dañino de sus sentimientos, pero Caín asesina a su hermano a pesar de la advertencia divina. En esta coyuntura, el texto vuelve a presentarnos otro ejemplo del poder interpelador de la Biblia a través de la pregunta divina al homicida: «Entonces Jehová preguntó a Caín: — ¿Dónde está Abel, tu hermano?» (Gn 4.9). Obviamente, este relato hace un reclamo a todo acto de violencia entre los humanos. Ante las diferencias ideológicas, interpersonales, familiares, la pregunta divina nos interpela: «¿Dónde está tu hermano?». Sobre esta pregunta es que se basa toda discusión ética. ¿Es nuestro hermano quien es diferente de nosotros debido a su color, clase social, idioma, orientación sexual, edad, género, cultura, religión? ¿Dónde situamos a quien es diferente? ¿Es nuestro hermano si lo convertimos en no-persona? Todas las injusticias que hay en la experiencia humana entrañan una respuesta negativa a esta pregunta. Alguien ha contestado, «fulano o fulana no es mi hermano». De ahí la pertinencia de este relato como lección ética.

Siempre he creído que la Biblia, más allá de la respuesta a los dilemas humanos, es la pregunta que invita a la reflexión y a la sabiduría. Cada pasaje bíblico tiene el potencial de interrogarme en las áreas dominadas por mis sombras. Ese potencial interrogador puede ser el camino para mi salvación psicológica e interpersonal, pero también puede ayudarnos a construir otro mundo donde habite la justicia.

El concepto «palabra de Dios» en la Biblia

Capítulo 3

Una hojeada a la Biblia nos muestra que hubo una estructura profunda detrás de las colecciones bíblicas, que apuntaba a una conciencia de que estos relatos eran testigos de un primer momento de encuentro con Dios. El concepto «palabra de Dios» se entreteje de distintas formas dentro de las múltiples tradiciones que hallamos en la Biblia. Los pasajes bíblicos que llaman «palabra de Dios» a algún oráculo, dicho de sabiduría o relato, parten de la premisa de que en el pasaje mencionado ha acontecido algo que es conforme a la voluntad de Dios. Los oráculos proféticos, los dichos de sabiduría, las historias de milagros, y otras historias contienen un elemento medular común, un primer encuentro con la presencia de Dios y su voluntad. Estos relatos que subrayan la presencia de Dios en algún evento vital de la historia del pueblo de Dios, son los que hacen que la Biblia sea un testimonio de la palabra de Dios.

En los casos en que hay salud teológica, tanto el judaísmo como el cristianismo han considerado la Biblia como palabra de Dios. Lo escribimos con «p» minúscula, porque para los cristianos la Palabra de Dios con «P» mayúscula es Jesucristo.

El concepto «palabra de Dios» aparece en el Antiguo Testamento alrededor de 400 veces. La idea que se confiere es que en un oráculo humano se narran historias, dichos, y experiencias en las que se da testimonio de la palabra de Dios. Es la palabra de Dios que viene al pueblo de Dios por medio de palabras humanas. Decimos esto, porque la palabra de Dios en sí misma tiene que ser encarnada para que podamos comprenderla. Para que la palabra de Dios llegue a nosotros, Dios tiene que hacer un acto de encarnación y condescendencia con nuestros límites. Por eso, cuando asumimos que las palabras de la Biblia son verdad filosófica, entramos en tensión con la condescendencia divina y la encarnación. Dios nos habla en nuestro lenguaje, con nuestros límites. La palabra divina es verdad como metáfora. Aquellos que alegan que la Biblia es verdad como lo son las ciencias naturales, cometen el error de no percibir que la Biblia es palabra de Dios como inspiración. La Biblia no es palabra de Dios como un dictado a un secretario. La palabra de Dios se encarna en nuestra palabra cuando Dios mueve con su Espíritu las palabras de los relatos bíblicos que resuenan con el corazón y la voluntad de Dios. La Escritura es inspirada y provechosa porque sirve para «enseñar, para redargüir, para corregir, para instruir en justicia, a fin de que el hombre de Dios sea perfecto, enteramente preparado para toda buena obra» (1 Tim 3.16–17). Esto implica que la Escritura requiere unos criterios para ser palabra divina: la enseñanza de valores, la corrección ética, la justicia, la vida en convivencia humana. De otra manera, aunque el relato sea bíblico, puede ser como la palabra que el diablo le cita a Jesús (Mt 4.1–10). San Pablo se dio cuenta del potencial dañino de la Biblia cuando se le aparta de la justicia y la solidaridad. En el debate con sus adversarios, éstos alegaban que los gentiles tenían que circuncidarse y observar la Ley para ser parte del pueblo de Dios. Pablo tuvo que hilar fino. Señaló que Abram había estado sirviendo a Dios 25 años sin circuncisión, antes de recibir el mandato para circuncidarse (Gn 17). Pablo entendió que esto implicaba que se podía servir a Dios sin tener que aceptar la cultura judía, cuando uno era gentil. En II de Corintios 3, el apóstol Pablo llama a todas estas citas que usan sus adversarios para obligar a los gentiles a judaizar «letra que mata» (2 Co 3.6). Con esto queremos poner en sobreaviso a nuestros lectores y lectoras: cualquier pasaje bíblico que se lea aparte de los criterios de justicia, vida y solidaridad, es potencialmente letra que mata, y por lo tanto contrario al concepto de «palabra de Dios». La Biblia en que creemos tiene el potencial para transformar la vida, para corregir los caminos, para abogar por un mundo justo. Eso es lo que se revela como palabra de Dios.

Hay una serie de relatos que nos ayudan a tener una idea del concepto «palabra de Dios». Nos referimos a los relatos proféticos, los grandes relatos de la presencia divina con los patriarcas y en la dádiva de la Ley, la tradición sapiencial, las cartas de los apóstoles y sus discípulos a los cristianos originarios, y desde luego la palabra y la acción de Jesucristo, la Palabra hecha carne. Estos relatos, que discutiremos a continuación, nos darán una perspectiva más amplia del concepto «palabra de Dios».

El concepto de «palabra del Señor» aparece en la fórmula del mensajero utilizada en la tradición profética: «Oíd la palabra de Jehová: Así dijo Jehová» (2 R 7.1). La palabra profética se entendía como palabra del Señor, debido a que arrancaba del encuentro de los profetas con el Señor. Los profetas tenían raptos celestiales en los que eran invitados a las deliberaciones en la corte celestial. Por lo tanto, su palabra, aunque humana, expresaba la voluntad de Dios. Un ejemplo de una experiencia profética con la presencia divina lo encontramos en la historia de Micaías hijo de Imlá y su oráculo al rey Acab en el siglo VIII a.C. Micaías fue citado por el rey Acab para consultarle acerca de la voluntad divina respecto a una acción del monarca. Dentro del marco de la guerra santa en el Antiguo Testamento, los demás profetas le anunciaron a Acab que saliera a la guerra porque el Señor le acompañaría. Micaías, sin embargo, le contó al rey lo que había pasado en la corte celestial, y la palabra verdadera de Dios: «Entonces él dijo: —Oye, pues, la palabra de Jehová: "Yo vi a Jehová sentado en su trono, y todo el ejército de los cielos estaba junto a él, a su derecha y a su izquierda. Jehová dijo: '¿Quién inducirá a Acab para que suba y caiga en Ramot de Galaad?' Uno decía de una manera y el otro decía de otra. Entonces se adelantó un espíritu, se puso delante de Jehová y le dijo: 'Yo lo induciré'. Jehová le preguntó: '¿De qué manera?'. Él dijo: 'Saldré y seré un espíritu de mentira en la boca de todos sus profetas'. Jehová le dijo: 'Tú conseguirás inducirlo; ve, pues, y hazlo así'. Ahora Jehová ha puesto un espíritu de mentira en la boca de todos tus profetas, y ha decretado el mal en contra tuya» (I R 22.19–23). El relato tiene varias virtudes. Primero, explica la experiencia que hay detrás de una palabra profética donde se anuncia la palabra de Dios en la fórmula de un mensajero. La palabra de un profeta o profetisa es auténtica porque ha tenido acceso a la corte celestial, y conoce cómo Dios ve la situación humana. Los profetas conocen el corazón de Dios. Por eso, su palabra humana tiene empatía con la voluntad divina. La palabra «empatía» puede significar estar junto a la pasión de otro, acompañar la pasión y sentimiento de otro. De ahí que podamos decir que esa palabra humana de los profetas es palabra de Dios en la medida en que sintoniza con la voluntad y pasión del corazón de Dios. Un segundo señalamiento es que Micaías no arguye que los otros profetas con otra palabra distinta a la suya fueran falsos. Argumenta, en su discurso a Acab, que la palabra de los otros profetas es parte de la palabra de juicio de Dios contra él. El espíritu de mentira en la boca de los profetas no debe entenderse en este relato como un poder maligno o demoníaco. El espíritu de mentira es una forma de la presencia del Espíritu Santo como espíritu de juicio contra Acab y todos los opresores que le acompañan en la historia. No debemos olvidar el contexto inmediato del relato de Acab y Micaías, que es la historia de la viña de Nabaot. Primera de Reyes 21 nos ha narrado el abuso de poder de Acab contra la tradición de justicia que se presenta en el trasfondo de las leyes de herencia de Israel. Las leyes que impiden que alguien sea marginado de la producción en una sociedad agraria son desafiadas por el rey que llega hasta hacer morir a Nabaot en una intriga política con tal de quitarle sus tierras. Ante esta opresión y abuso del poder político, el Espíritu Santo actúa como espíritu de justicia. Por eso el Espíritu se presenta como espíritu de mentira, porque la palabra que engaña al opresor es el camino para la justicia y vindicación divinas. El relato de Micaías nos muestra claramente el mundo social y religioso que había detrás de la tradición profética. La palabra de los profetas era palabra divina en la medida en que se basara en este primer momento de encuentro entre Dios y el ser humano. Los oráculos proféticos señalaban su autoridad como palabra de Dios debido a que procedían del encuentro de los profetas con la presencia divina. Esto es lo que indica la fórmula del mensajero en los relatos, donde un profeta dice «así dice el Señor». Los profetas entendían que su palabra provenía de la revelación divina (Is 42.5; Jer 2.2, Ez 14.6; Am 5.4; Sof 1.10; Hag 2.6; Zac 1.17; 2 R 9.3). Por eso su palabra humana podía hacer el reclamo de ser palabra divina.

Se preguntarán nuestros lectores si no es arbitrario esto de reclamar una experiencia visionaria para que la palabra de alguien tenga autoridad como palabra de Dios. La pregunta es válida. Un repaso a la tradición profética nos muestra, sin embargo, que la palabra de los profetas no era mera experiencia subjetiva o de trance extático. El contenido de la palabra profética es un criterio para que Israel, el cristianismo primitivo y nosotros hoy podamos validar estas tradiciones como palabra de Dios. La palabra que anuncian los profetas tiene como contenido la justicia y solidaridad entre los humanos. En la primera parte del libro de Isaías, se hace claro el fundamento ético de esta palabra que reclama ser palabra divina: «aprended a hacer el bien, buscad el derecho, socorred al agraviado, haced justicia al huérfano, amparad a la viuda» (Is 1.17). Una hojeada por la tradición profética nos deja escuchar la voz de denuncia de los profetas: «Quita de mí la multitud de tus cantares, pues no escucharé las salmodias de tus instrumentos. Pero corra el juicio como las aguas y la justicia como arroyo impetuoso» (Am 5.23–24). Esta voz que clama por justicia ha hecho que la literatura profética siga teniendo gran pertinencia aun entre los no creyentes, cuanto más para la comunidad de fe, que identifica este discurso sobre la justicia con la palabra de Dios. Un segundo criterio de autoridad ha sido el discernimiento de las comunidades que recibieron estos oráculos a través de los siglos. Tanto las comunidades de Israel, como los judaísmos y los cristianismos a través de los siglos han desentrañado la pertinencia y autoridad de las palabras proféticas en su contenido y en su potencial para una nueva situación. La utilidad de la tradición profética en la transformación humana y social ha sido atestiguada por estas comunidades interpretativas, que en cada dilema humano han podido discernir en ellas la palabra de Dios.

Esto nos lleva, sin embargo, a otra situación. ¿Qué haremos cuando una misma palabra en un caso es palabra de Dios y en otro caso es declarada palabra falsa? Este es el caso de la palabra de los profetas del siglo VIII que anunciaron que Asiria no destruiría a Judá porque Dios habitaba en Sión (Is 7; Mi 4, Sal 46). En todos estos casos se invocó la invulnerabilidad de Sión debido a que Dios moraba en la ciudad: «Del río sus corrientes alegran la ciudad de Dios, el santuario de las moradas del Altísimo. Dios está en medio de ella; no será conmovida» (Sal 46.4–5a). En el sexto siglo, de cara a la predicación de Jeremías (Jer 7.1–4), otro profeta alegó esta misma tradición frente a Babilonia. Nos referimos a Hananías, hijo de Azur. Éste alegó que Jerusalén sería liberada (Jer 28.1–10). Pero Jeremías condenó su palabra a pesar de que era coherente con Isaías, Miqueas, y los Salmos. ¿Por qué la misma palabra podría resultar falsa? Porque no era una palabra apropiada a la nueva situación. La nueva situación requería una palabra de juicio y no de salvación. El profeta dio la palabra incorrecta para el momento incorrecto. Esto implica que en la lectura de la Biblia tenemos que discernir qué Escritura es pertinente, porque el hecho de que esté en la Biblia no le da pertinencia. Por eso es que la Biblia tiene tantas voces disidentes. Cada situación requiere un discernimiento para saber cuál es el diagnóstico de la situación humana, y cuál es la palabra pertinente.

El concepto de la palabra de Dios aparece de otras formas en el Pentateuco (los primeros cinco libros de la Biblia). El Pentateuco contiene las tradiciones de los orígenes del pueblo de Dios y de la historia, pero también tiene las tradiciones del éxodo, del pacto del Sinaí, y de las interpretaciones de la Ley. El Pentateuco narra el peregrinaje de Israel en el desierto y las instrucciones divinas a su pueblo. Detrás de toda esta tradición en el Pentateuco, encontramos eventos donde se articula la presencia de Dios. El Deuteronomio reflexiona sobre las experiencias con la presencia de Dios en que el pueblo de Dios ha escuchado la palabra divina: «Jehová, nuestro Dios, nos ha mostrado su gloria y su grandeza, y *hemos oído su voz*, que sale de en medio del fuego. Hoy hemos visto que Jehová *habla* al hombre, y este aún vive» (Dt 5.24 bastardillas nuestras). Este pasaje bíblico sirve para señalar las experiencias con la presencia de Dios como cimiento de toda esta tradición que conocemos como la Ley. El relato señala que las tradiciones que se narran en Deuteronomio (y ¿por qué no decir también en el resto de la Ley, y de la Biblia aceptada por las comunidades de fe?), reclaman ser un testimonio de la palabra dada por Dios en los momentos sagrados de encuentro entre Dios y su pueblo.

Otro caso donde una narración de la ley se presenta desde la perspectiva de una palabra de Dios, es el relato de los Diez Mandamientos: «Habló Dios todas estas palabras: "Yo soy Jehová, tu Dios, que te saqué de la tierra de Egipto, de casa de servidumbre. No tendrás dioses ajenos delante de mí. No te harás imagen..."» (Ex 20.1ss). Nótese que este código de prescripciones legales es básico para la convivencia humana. En este sentido la Ley es Evangelio. Sólo donde hay estructura, contrato social, preceptos que tengan un efecto de garantizar la vida, puede haber convivencia. El antiguo Israel nos señala que este código social es una palabra de Dios al declarar que «habló Dios todas estas palabras».

La tradición de la sabiduría incluye varias colecciones en la Biblia: algunos salmos, Proverbios, Cantar de los cantares, Eclesiastés, parte del libro de Job. En la tradición católica, el libro de Sabiduría y el Eclesiástico. Estos libros son colecciones de dichos de sabiduría, refranes, metáforas, etc. En medio de ellos se nos presenta la sabiduría como un personaje que acompañó a Dios desde los mismos comienzos de la creación: «Cuando formaba los cielos, allí estaba yo; cuando trazaba el círculo sobre la faz del abismo, cuando afirmaba los cielos arriba, cuando afirmaba las fuentes del abismo, cuando fijaba los límites al mar para que las aguas no transgredieran su mandato, cuando establecía los fundamentos de la tierra, con él estaba yo ordenándolo todo» (Pr 8.27–30). Con este señalamiento de la Sabiduría como artesana de la creación de Dios, Israel señalaba que cualquier palabra de sabiduría que puede aprender, inferir, discernir el ser humano es una palabra divina. La tradición de los libros de sabiduría nos presenta un repertorio de palabras de sentido común que nos ayudan a saber que el mejor camino para la palabra de Dios es la sabiduría. Por eso, esta tradición comienza con el dicho: «El principio de la sabiduría es el temor de Jehová» (Pr 1.7).

El Nuevo Testamento es una colección de 27 libros. Los primeros cuatro libros de esta colección son nuestros evangelios. Los evangelios narran los eventos y dichos de Jesús. Son cuatro historias similares pero con las peculiaridades de cada autor y de cada comunidad donde surgieron. Estos documentos presentan la palabra de Dios en las palabras de Jesús de Nazaret, en la interpretación de sus discípulos, y en los eventos salvíficos de la cruz y la resurrección. El Evangelio de Juan señala que Jesús es la Palabra creadora del principio: «En el principio era el Verbo, el Verbo estaba con Dios y el Verbo era Dios» (Jn 1.1). Nótese que Jesús aparece como la Palabra eterna de Dios que acompañaba a Dios desde el principio, pero era mucho más que un acompañante: era Dios mismo. El Evangelio de Juan articula toda esta defensa sobre quién es Jesús que concluye con la confesión de Tomás: «¡Señor mío y Dios mío!» (Jn 20.28). El texto griego hace claro que no es un señor o un dios, sino literalmente, ese campesino de Galilea, ese predicador extraordinario, ese profeta similar a Moisés y a Elías, ese crucificado, quien en la resurrección se nos revela como el Dios nuestro. Por eso su palabra, y la presentación de su palabra a través del Espíritu en estos evangelios (Jn 14.25; 15.26), es palabra divina conducente a la salvación (Jn 20.30–31).

Lucas, el tercer evangelista, señala que las tradiciones que ha recogido de los otros escritores y predicadores son la palabra divina para Teófilo, así como para los demás lectores y lectoras que hemos disfrutado de este evangelio desde finales del primer siglo: «la historia de las cosas que entre nosotros han sido *ciertísimas*, tal como nos las enseñaron los que desde el principio las vieron con sus ojos y fueron ministros de la *palabra*» (Lc 1.1–2; bastardillas mías). Nuevamente, la autoridad de estas tradiciones consiste en quién estaba detrás de estos dichos y eventos. En Hechos se articula bien la autoridad de Jesucristo: «Dios lo ha hecho Señor y Cristo» (Hch 2.35). La palabra de Jesús de Nazaret es la palabra del Señor y del Mesías esperado. Más adelante discutiremos los criterios que tuvo la iglesia para aceptar dentro de la lista de libros sagrados estos evangelios (vea *canon).

Las epístolas de Pablo y las otras cartas del Nuevo Testamento fueron escritos en que las figuras de los apóstoles y sus discípulos se hicieron presentes en las iglesias más antiguas para responder a algún dilema o desafío comunitario. Por ejemplo, en los capítulos 12–14 de I de Corintios, Pablo entra en un diálogo con los corintios sobre los dones y presencia del Espíritu en la comunidad. Señala que su autoridad se debe a la palabra de Dios y a la dirección del Espíritu: «¿Acaso ha salido de vosotros la palabra de Dios, o solo a vosotros ha llegado? Si alguno se cree profeta o espiritual, reconozca que lo que os escribo son mandamientos del Señor; pero si alguien lo ignora, que lo ignore» (1 Co 14.36ss). La autoridad del Apóstol reside en que sus consejos y mandatos a sus comunidades son mandamientos del Señor. En I de Tesalonicenses, frente a la muerte de los creyentes antes de la esperada venida del Señor, Pablo invoca la fórmula del mensajero para dar autoridad a su palabra: «Por lo cual os decimos esto en palabra del Señor: que nosotros que vivimos, que habremos quedado hasta la venida del Señor, no precederemos a los que durmieron.» (1 Ts 4.15). Es en uno de los últimos libros del Nuevo Testamento, II de Pedro, que se reconocen las cartas de Pablo como Escritura: «como también nuestro amado hermano Pablo, según la sabiduría que le ha sido dada, os ha escrito en casi todas sus epístolas, hablando en ellas de estas cosas; entre las cuales hay algunas difíciles de entender, las cuales los indoctos e inconstantes tuercen (como también las *otras Escrituras*) para su propia perdición» (2 P 3.15ss). Nótese que aquí ya se conoce un grupo de cartas de Pablo que tienen autoridad paralela con *el resto de las Escrituras*.

El Apocalipsis señala su autoridad divina en la introducción de la obra donde se señala que es un mensaje de Dios: «La revelación de Jesucristo, que Dios le dio para manifestar a sus siervos las cosas que deben suceder pronto. La declaró enviándola por medio de su ángel a su siervo Juan, el cual ha dado testimonio de la palabra de Dios, del testimonio de Jesucristo y de todas las cosas que ha visto» (Ap 1.1–2). Una mirada al libro de Apocalipsis muestra que las visiones son el medio literario para dar autoridad al relato. El libro de Apocalipsis puede comprenderse como una serie de revelaciones en forma de visión, con un ángel que le interpreta algunas de estas visiones al profeta Juan. Todo el esquema revelatorio, sin embargo, sirve para que la audiencia infiera la autoridad divina del documento.

Relatos de eventos medulares y la presencia de lo sagrado en la vida

Capítulo 4

Podríamos decir que la Biblia es como un collar cuyas cuentas presentan historias de la vida diaria en que se hilvanan relatos de la presencia de Dios en la vida de los antiguos israelitas y de los cristianos originarios. Si pudiéramos echar una píldora al texto bíblico, de modo que separara en capas los textos bíblicos como cuando la leche cruda se separa en capas entre el suero, la proteína y la grasa, encontraríamos que en las capas más antiguas lo que tenemos son historias populares de la presencia de Dios que explicaban algún evento salvífico, los orígenes del mundo y la vida humana, instituciones de la cultura y de los ritos, enseñanzas medulares para la vida. Estas historias sobre eventos sagrados circularon originalmente de forma oral. Una tras otra, cada generación fue pasándolas a la siguiente. Cada generación interpretaba para su nueva situación estos relatos si le eran útiles, adaptándolos a la nueva situación. Estos relatos señalaban algún momento sagrado primario en la vida de la comunidad. Obviamente, el momento sagrado se presentaba con los recursos y adornos del imaginario mítico (véase *mito*) humano, porque el lenguaje común no podía expresar la presencia divina en el evento que se contaba. Dios servía para explicar los orígenes del mundo, el papel humano en la creación, la muerte, los ritos sagrados, y los eventos salvíficos en medio de las historias. Esa presencia de lo divino en el evento fue el fundamento para que estas historias tomaran autoridad cultural en la tradición oral y para que eventualmente se incorporaran en la tradición escrita que tenemos en la Biblia. Obviamente, la Biblia sólo nos muestra un resumen de todos estos encuentros con la presencia de Dios. Muchos otros relatos desaparecieron en la tradición oral o fueron suprimidos. La Biblia, en cierta forma, recoge un florilegio de estas experiencias con lo sagrado que sobrevivieron por su efectividad en cada generación hasta su cristalización en el texto final que hemos recibido. Cuando leemos la Biblia, estamos al final de un proceso oral que formó poco a poco estas historias de la presencia de lo sagrado. Los relatos finales que hemos recibido en la Biblia tienen una larga historia que las ciencias bíblicas ha podido, en muchas ocasiones, segmentar en una *historia de las tradiciones.

A continuación vamos a presentar algunas historias de la creación como ejemplo de cómo se formó la Biblia desde el momento inicial en la cultura de los antiguos israelitas, a través de las generaciones, hasta que hizo falta poner por escrito estas tradiciones que apuntaban a Dios como la explicación fundamental, pero que a su vez servían como palabra poderosa de Dios en una nueva situación. En estos ejemplos veremos cómo los relatos circularon primero como reflexiones sobre eventos medulares en la cultura, y cómo eventualmente fueron fundidos con otros relatos similares, hasta que cristalizaron en la tradición.

Un lugar primario en toda cultura, motivo de reflexión y lugar para relatos que explican la percepción humana, es el encuentro con la naturaleza, el cosmos, la vida animal, vegetal y humana. Este encuentro fundamental es tema de relatos explicativos en los cuales los seres humanos involucran a Dios como sujeto primario de explicación. Estos relatos explicativos de los orígenes se conocen como *mitos. Un mito es un primer intento de explicar el encuentro del ser humano con el mundo. Por lo tanto, el mito no es algo falso, sino que es una explicación cultural de una experiencia medular. ¿Cómo surgió este mundo? ¿Cómo surgió la vida? ¿Cómo surgió la muerte? ¿Cómo surgieron el cielo y sus cuerpos celestes? Estas preguntas requieren explicación. La Biblia incluye toda una serie de historias que nos dejan escuchar las voces de los antiguos israelitas reflexionando sobre su encuentro con Dios y con el mundo y la vida.

Cuando miramos el Antiguo Testamento, notamos que hay una serie de temas sobre la creación que aparecen en relatos poéticos (Salmos, Job) y que eventualmente se cristalizan en Génesis 1–2. Estos relatos que aparecen como temas de la creación resuenan con relatos del antiguo Medio Oriente con que los antiguos israelitas interactuaron culturalmente. No olvidemos que Israel vivió entre grandes culturas tanto al norte (Asiria y Babilonia) y al sur (Egipto) como entre sus vecinos inmediatos (los cananeos y otros pueblos). Hoy tenemos un gran caudal de relatos míticos sobre la creación que hemos encontrado en los registros arqueológicos de estas culturas. Estos relatos tienen ecos en algunas tradiciones bíblicas que nos permiten percibir cómo era el entorno cultural del antiguo Israel, y cómo Israel utilizó estos materiales en los relatos que eventualmente formaron parte de la Biblia. Una mirada a los relatos sobre la creación del mundo entre esos pueblos, nos deja ver cómo había todo un mundo cultural en torno a Israel en la formación de nuestros relatos bíblicos. Las historias bíblicas apuntan a una cultura oral que contaba e interpretaba estos relatos comunes a la cultura del antiguo Medio Oriente.

El Salmo 29.10 dice que «Jehová preside en el diluvio». Una lectura superficial nos lleva a pensar en el diluvio en Génesis 6–9. Pero el concepto *mabul* en hebreo, que se traduce aquí como diluvio, puede referirse a la serpiente marina en los relatos del combate cósmico entre Marduk y Tiamat (en Babilonia) o, más cerca de los antiguos israelitas, de Baal y Yaam, dioses cananeos en el combate primordial. En la versión babilónica de estos relatos, Marduk (el dios representante del sol) hace la creación partiendo en dos a la diosa de la tormenta (Tiamat). Una parte de Tiamat se usa para construir el cielo, y la otra para construir la tierra. En la versión cananea, el combate se lleva a cabo entre Baal, señor del cielo y de la lluvia, y Yaam, señor del mar y las aguas subterráneas. Parece que estos relatos estaban en el aire cultural de los antiguos israelitas. Éstos compartieron este acervo cultural y lo transformaron en un combate entre Dios y las fuerzas del mal tal como aparece en el Salmo 29.10, donde es Yahvé el que domina a la serpiente de los cuerpos de agua.

En el Salmo 89.9–10 se presenta todo este lenguaje de la lucha de Yahvé con estos monstruos míticos como fundamento para la creación y para la monarquía. En este sentido, el pasaje de la lucha entre Yahvé y los poderes míticos del mal es semejante a los relatos de Babilonia sobre la creación y el gobierno babilónico. En el mito de la creación del Enuma Elish, la creación y el establecimiento de la monarquía en Babilonia se basan en la lucha entre Marduk (dios Sol) y Tiamat (diosa de la tormenta). Marduk vence a Tiamat, de donde hace la creación. El relato concluye con el establecimiento del poder político en Babilonia.

Los poderes políticos establecen su autoridad con un mito de la creación. Los poderes son sucesores de la historia original de la creación. El Salmo 89 presenta primero la victoria de Yahvé sobre Rahab (monstruo marino mítico): «Tú quebrantaste a Rahab como a un herido de muerte.» De la derrota de este poder mítico se procede a narrar la creación: «Tuyos son los cielos, tuya también es la tierra». Inmediatamente después del relato de la creación se establece la monarquía de Judá: «Entonces hablaste en visión a tu santo y dijiste: "He puesto el socorro sobre uno que es poderoso; he exaltado a un escogido de mi pueblo. Hallé a David mi siervo; lo ungí con mi santa unción. Mi mano estará siempre con él; mi brazo también lo fortalecerá".» En este caso, el relato mítico funciona para explicar los orígenes, pero también para legitimar el poder político que ahora tiene su regente en la monarquía davídica. En este sentido, el relato funciona como dosel sagrado que legitima el poder político.

En el Salmo 74. 13, 14 el relato mítico del combate entre Baal y Yamm de la cultura cananea se trasluce en el relato bíblico: «Dividiste el mar con tu poder; quebraste *cabezas de monstruos en las aguas*. Aplastaste las *cabezas del Leviatán* y lo diste por comida a los habitantes del desierto.» Este salmo presenta la creación como un combate entre el Dios de Israel y el monstruo marino Leviatán en forma similar al mito del combate entre Baal y Lotam en la literatura cananea. En el mito cananeo antiguo que hemos encontrado en las tablas ugaríticas de Ras Shamra, en un combate celestial Baal destruyó a Lotán, el dragón de las siete cabezas. El Salmo 74 nos muestra el contexto cultural común de Israel con los antiguos cananeos y el diálogo interreligioso entre estas dos culturas. Israel participó de estos relatos míticos de su contexto cultural, pero los ajustó a su teología. En el Salmo 74 es Yahvé el que destruye a Leviatán, y se usa el relato de la victoria de Yahvé sobre esta imagen mítica del mal para rogar por la salvación de Jerusalén de cara a la aparente destrucción del santuario por Babilonia en el 587 a.C. Esto es un elemento innovador. Israel usa el mito, pero con un sentido profundamente histórico, para referirse a la salvación de Jerusalén de cara a un nuevo dragón en la historia, Babilonia.

El Salmo 104 nos presenta un eco del mito de la lucha de Baal y Yaam en un bello cántico de alabanzas donde se menciona a Leviatán: «Allí lo surcan las naves; allí este Leviatán que hiciste para que jugara en él» (Sal 104.26). Pero Leviatán ya no es un monstruo pavoroso como en otros relatos bíblicos, sino que el Salmo 104 ha continuado el proceso de desmitificar estos símbolos cananeos (vea Job 41.1ss). El Salmo 104 usa una forma irónica de cara a los cultos cananeos.

Génesis 1 es posiblemente la concreción literaria de estos relatos de los antiguos israelitas. En Génesis 1 vemos cómo el relato oral creció y se desarrolló, pero también cómo fue interpretado en una nueva situación como un texto de defensa cultural y de oposición al imaginario mítico de los conquistadores de Judá en el 587 a.C. En ese año, Nabucodonosor destruyó a Jerusalén, llevó la elite de Judá como cautivos a Babilonia y desarticuló la sociedad que los israelitas habían tenido por cuatrocientos años. Fue una gran crisis que se convirtió en una gran oportunidad para los aparentemente vencidos. En ese periodo entre el 587 y el 539 a.C. los exiliados en Babilonia cristalizaron muchas de sus tradiciones culturales que hasta ese momento sólo tenían ecos en algunos salmos y otras tradiciones menores. Un ejemplo de la cristalización de esas tradiciones orales lo encontramos en el relato de la creación en Génesis 1, al cual dedicaremos los próximos párrafos.

Al leerlo con cuidado, notamos que Génesis 1.1–2.4a es una unidad literaria distinta de Génesis 2.4b–25. Las diferencias entre estos dos relatos de la creación son, entre otras, las siguientes:

1. El relato de Génesis 1.1–2.4a tiene forma de pirámide, desde la creación del cosmos hasta la institución del Sábado en un proceso cronológico de siete días. Pero en Génesis 2.4b–25 termina la secuencia cronológica y se estructura el relato en forma de narrativa. Una mirada a los detalles muestra que Génesis 1 sigue un orden distinto a Génesis 2.4b–25. El orden en Génesis 1.1–2–4a es: luz, cielos, tierra, lumbreras, creación del cielo y del mar, creación de la tierra, terminando con el ser humano y luego el Sabat, mientras que Génesis 2.4b–25 comienza con la creación del varón, luego se planta el jardín, se crean las bestias, y finalmente a la mujer.

2. En Génesis 1.1–2.4a hay un esquema repetitivo: (a) anuncio del mandamiento: «y dijo Dios»; (b) orden divina «sea ...»; (c) fórmula de ejecución «y Dios hizo»; (d) fórmula de cumplimiento: «fue así»; (e) fórmula de apreciación: «vio Dios que era bueno»; (f) palabra subsecuente de Dios «bendijo» o «llamó»; (g) día X. Pero Génesis 2.4bss es una *narrativa en forma de *saga. En la narración, Génesis 2.4ss tiene varios personajes (Adán, Eva, la serpiente, Dios,

y eventualmente los hijos de Adán y Eva). Se presenta un conflicto alrededor de una prohibición divina, su ruptura, las consecuencias de esta ruptura, y se continúa con una historia de la descendencia de Adán y Eva.

3. El relato de Génesis 1 llama a Dios *Elohim*, mientras que en Génesis 2.4–25 el nombre divino primario es *Yhvh* (Yahvé, o en RVR, "Jehová"). En esta misma perspectiva, Génesis 1 percibe a Dios como distante, objetivo, trascendente, mientras que en Génesis 2.4–25, Dios se presenta como íntimo, en una imagen muy humana.

Estas pistas nos permiten inferir que Génesis 1 y Génesis 2.4–25 eran dos relatos separados e independientes en la tradición popular de Israel antes de que se unieran en nuestro libro de Génesis. En un largo proceso, estas dos historias llegaron a formar el comienzo del libro de Génesis. En sus inicios, fueron dos historias separadas narradas en el antiguo Israel como parte de las tradiciones de la cultura popular que explicaban la creación y, en el caso de Génesis 2.4–3.24, los inicios de la historia y las vicisitudes humanas.

El relato de la creación de Génesis 1 tiene ecos de las historias de la creación en Babilonia (Enuma Elish), Egipto y Canaan, pero es especialmente la cristalización de los mitos que hemos examinado arriba en las tradiciones sobre Yahvé y su combate creador con Leviatán y Rahab. Es en diálogo con los mitos de la creación que podemos entender Génesis 1 (y también 2.4–25). Los mitos de la creación en la antigüedad servían para responder a las preguntas humanas sobre los orígenes del cosmos, de la vida humana, y del sufrimiento, y en muchas ocasiones, como hemos visto, para establecer el poder político y religioso. Los antiguos relacionaban sus instituciones religiosas y culturales con los mitos de la creación. Esto lo vemos en Génesis 1.1–2.4a porque el relato concluye con el sábado, el tiempo sagrado de descanso israelita. El relato de la creación explica por qué los israelitas no trabajan en cierto día de la semana. Pero además de esto explica la relación de Dios con el orden creado, y explica el origen de la humanidad en el mundo. A su vez se señala el papel de los seres humanos en el mundo creado por Dios. Los relatos de la creación se vuelcan hacia el principio para encontrar el significado de la vida. Cuando separamos a Génesis 1 de nuestro libro actual y analizamos el contexto original al que respondía, nos podemos imaginar a un padre, una madre, o un sabio, respondiendo a las preguntas sobre los orígenes del mundo, el papel de los seres humanos en el mundo, y el tiempo sagrado del sábado. Cuando miramos el pasaje en su contexto exílico en Babilonia, cobra otro cariz, pues se convierte en una defensa de una minoría oprimida en diálogo con los conquistadores.

El relato muestra una calidad poética única. Su estructura alrededor del número siete impacta a cualquier lector perspicaz. Varios ejemplos bastan: el verso 1 tiene siete palabras en hebreo, el verso 2 tiene 14 palabras, que son el múltiplo de 7×2. Dios se menciona 35 veces en el relato (7×5). La tierra y el cielo se mencionan en 21 ocasiones (7×3) cada uno. La creación y el descanso divino que legitima el descanso de los israelitas están estructurados dentro de una semana de 7 días. El relato se divide en siete estructuras completas (dijo, fue así, vio, etc.). Esta estructura de siete trozos se divide en dos partes de tres en forma de paralelo, donde el día uno hace paralelo con el día cuatro, el dos con el cinco, el tres con el seis, y luego hay un séptimo día donde se presenta el tiempo sagrado de descanso de los antiguos israelitas.

Día 1 Creación de la luz	Día 4 Creación de las luminarias
Día 2 Creación del cielo	Día 5 Creación de los pájaros y los peces
Día 3 Creación de lo seco	Día 6 Creación de los animales y el ser humano
Día 7 Descanso divino que legitima el sábado israelita	

El relato de la creación contiene una estructura estereotipada que parece tener su origen en la tradición oral popular. Este tipo de estructura poética tiene mucho sentido si el relato se cuenta de generación en generación. El patrón uniforme sirve como mecanismo de memorización para poder pasar el relato de los orígenes de generación en generación. Génesis 1 es una representación en que este relato de fe y explicación teológica se concretizó en forma escrita. El relato popular de la creación, sin embargo, tenía una utilidad social para los antiguos israelitas que lo contaban, pues explicaba los orígenes del cosmos y los lugares de cada cosa (las luminarias, los peces, las aves, los animales y el ser humano) en el mundo. Además establecía el tiempo (hubo tarde y mañana del día X). El establecimiento del tiempo terminaba con el tiempo sagrado, lo que legitimaba la observancia del descanso de los israelitas y de todos los miembros de su comunidad. Si Dios había descansado, entonces todo trabajo culminaba en el descanso que imitaba a Dios.

Dentro del relato se explicaba cuál era el lugar del ser humano en la creación. El ser humano, y no sólo los reyes, era hecho a imagen y semejanza de Dios. Esto significaba que la humanidad tenía la capacidad de asumir dominio y responsabilidad sobre la creación: «Fructificad y multiplicaos; llenad la tierra y sometedla; ejerced potestad sobre los peces del mar, las aves de los cielos y todas las bestias que se mueven sobre la tierra» (Gn 1.28). Con este tipo de relato, los antiguos israelitas podían señalar la creación como lugar en que se evidencia la acción divina. La creación cuenta la gloria de Dios (Sal 19.1).

El sábado era celebración de la acción divina a través del descanso semanal. Eventualmente el sábado marcó una diferencia que definía la identidad cultural de los israelitas frente a sus vecinos en el antiguo Medio Oriente.

El relato de la creación tenía otra función adicional: marcaba un orden puesto por Dios. En medio de las ambigüedades de la vida, la enfermedad, la muerte, la violencia, la injusticia y el sufrimiento, mirar a la creación daba esperanza. La vida difícil de los seres humanos se veía marcada por la bondad del creador que evaluó cada día con un «qué bueno». La vida sería difícil, pero detrás de la creación había un Dios que había creado el mundo con bondad y que ayudaba al creyente a través de la observación de la creación a superar la ambigüedad y la desesperanza. El mundo está en las manos de Dios a pesar de nuestros sufrimientos presentes.

Eventualmente este relato de la creación se reutilizó en conflictos culturales, especialmente en el exilio en Babilonia. Fue posiblemente en Babilonia que los antiguos israelitas cristalizaron este relato de la creación que habían contado de generación en generación. Ahora, la narración popular que explicaba la creación como testimonio de la acción de Dios tenía un nuevo uso, la defensa cultural de los exiliados oprimidos y derrotados. El relato popular se había convertido en literatura de resistencia. Contra los relatos de creación de Babilonia, que establecían la creación como una guerra entre los dioses babilónicos Marduk y Tiamat, Israel señaló la creación como acción de la palabra de Dios que no implicaba una guerra mítica entre estos dioses de Babilonia. Los que pusieron por escrito este relato de los israelitas en Babilonia le quitaron el fundamento teológico al imperio babilónico. Los teólogos israelitas en Babilonia presentaron su propio relato de la creación contra el relato oficial del imperio. En la cosmología babilónica, el mundo y el cielo estaban poblados de dioses, pero Israel veía la creación como acción de un solo Dios, el Dios de Israel. Israel usó el relato popular de la creación para presentar un discurso profundamente contrario a los mitos de Babilonia. En Babilonia, Marduk se presentaba como el sol. Por eso, en el primer día de la creación en Génesis 1, Dios hizo la luz, pero no el sol. Israel quería despojar de toda gloria al dios principal de sus conquistadores. Cuando el sol y la luna fueron creados (día cuatro), los poetas israelitas le llamaron «la luminaria mayor» y «luminaria menor», y «las demás luminarias» a las estrellas. Con esto Israel desmitificó el cielo babilónico plagado de deidades en el sol, la luna y las estrellas zodiacales. Contra el mito de la guerra entre Dios (Marduk) y el dragón marino (Tiamat o Yaam en Canaán), el libro de Génesis presenta la creación de los monstruos marinos como algo completamente natural (Gn 1.21).

Por otro lado, Génesis 1 servía a los israelitas para señalar a su Dios como el creador. Con este relato, los teólogos del exilio estaban desarrollando la fe en un solo Dios. En muchos relatos bíblicos previos al exilio, Yahvé era el Dios principal en medio de muchos otros dioses (Sal 50.1; 82.1; 97.7; 136.5).

El relato de la creación concluye con el sábado, día de descanso de los israelitas. El sábado se convirtió en una catedral en el tiempo que marcaba la identidad israelita de cara a sus conquistadores y futuros amos coloniales. Si usted quería saber las diferencias entre los israelitas exílicos y sus dominadores lo que tenía que hacer era observar las diferencias en el uso del tiempo. Los babilónicos vivían explotando su mano de obra todo el tiempo. Los campesinos vivían para trabajar. Pero Israel sacralizaba el derecho al descanso de todo ser humano, de toda bestia y hasta de la tierra. Dios era el garante de los derechos humanos de los que trabajaban. Con esto Israel presentaba una Carta Magna para el resto de la historia sobre la relación trabajo-descanso. La creación terminaba con el descanso divino que legitimaba los derechos al ocio del humano y de la creación.

Un detalle adicional que podemos señalar en el relato de la creación de Génesis 1 frente a los relatos del antiguo Medio Oriente es su conclusión. Los relatos de Babilonia concluían la creación con el establecimiento de una monarquía que era la culminación de la creación (como en el caso del

Enuma Elish). Israel concluía su relato con el derecho sagrado al descanso de toda la creación de cara al trabajo continuo de los conquistadores babilónicos. El relato de la creación era un monumento a los derechos humanos en la antigüedad (y aún hoy), mientras que el relato mítico de la creación de Babilonia era un monumento a los imperios de ayer y de hoy.

No fue por accidente que los padres y madres del canon bíblico más antiguo comenzaran la *Tora con este relato de la creación. El relato de la creación servía para explicar la experiencia con la naturaleza, pero también servía para desmitologizar los relatos de los conquistadores babilónicos. De un tiro, se eliminaba la teología imperial de Babilonia. La creación no era producto de una guerra entre los dioses de los conquistadores. Hasta en la creación se negaba la presencia de estos dioses en el sol, la luna o las bestias del mar. No era el monarca el único que llevaba la imagen y semejanza de Dios, sino que todo ser humano tenía parecido con la deidad. Por lo tanto, toda la humanidad era partícipe de la responsabilidad sobre la creación. Como punto final, los exiliados proclamaban que la creación terminaba en el derecho humano a descansar, el ocio creativo, la celebración de la vida –y no en la explotación indefinida del trabajo humano. Mirado desde esta perspectiva, se nota el poder ideológico de Génesis 1, lo cual explica por qué se comenzó la Biblia con este relato que había transitado de voz en voz por largo tiempo en la cultura de Israel. El relato que había estado de boca en boca por generaciones, en el momento adecuado se utilizó para comenzar la enseñanza principal de Israel, la Tora. El exilio proveyó el momento en que se hizo necesario cristalizar por escrito esta tradición como palabra de Dios para el pueblo de Dios por todas las generaciones.

Una mirada a los próximos capítulos de Génesis nos muestra la composición de una obra bien pensada y organizada. Génesis no es un popurrí de pasajes discontinuos. Los redactores de Génesis tomaron una gran cantidad de tradiciones del pueblo donde se testificaba la presencia de Dios. Las historias que se narran después de Génesis 1 también tuvieron su prehistoria en la cultura oral y poco a poco cristalizaron en relatos escritos. Génesis 2–11 nos presenta otras historias que se juntaron al relato de la creación de Génesis 1. Si Génesis 1 contaba los orígenes del cosmos, Génesis 2–11 narraba los orígenes de las naciones. Una mirada detallada a estas historias nos deja ver que se pueden descomponer en historias independientes unas de otras. Los redactores de Génesis las hilvanaron de manera que se pudiera tejer la historia de los orígenes de las naciones. Génesis 12–50, por su parte, narra los orígenes de Israel. Cuando uno mira estas historias con cuidado, encuentra relatos de Abram, Isaac, Jacob, Ismael, Judá y José. Si el espacio lo permitiese, sobre cada una de estas narraciones podríamos hacer una investigación para conocer los detalles de su larga historia oral y cómo cristalizaron, tal como hemos hecho con Génesis 1. Pero sí podemos notar que cada una de estas historias tuvo un largo recorrido oral entre los antiguos israelitas antes de cristalizar en una tradición escrita. El libro de Génesis es testigo de cómo estas tradiciones eventualmente fueron puestas por escrito como testimonio de la presencia de Dios en la historia de su pueblo y del mundo. Muy posiblemente, el exilio en Babilonia y el período posterior al exilio fueron el contexto en que hubo que poner como una sola historia escrita todas estas historias sagradas del pueblo de Dios. Al poner todas estas historias en una gran historia, Génesis, la comunidad exílica y postexílica de Israel explicaba sus orígenes, pero además usaba todas estas historias que venían en la tradición oral del pueblo para explicar la tragedia del exilio (Gn 3.14–19; 4.11–12; 6.5–7), la vocación de Israel en medio de las naciones (Gn 12.3) y las promesas de Dios (Gn 12.7) ahora que la comunidad de Israel sufría amenaza de destrucción. El libro de Génesis muestra la presencia de Dios en medio de todas las turbulencias de la historia y de la vida del pueblo de Dios (Gn 28.15–16). Israel tenía una palabra de Dios que explicaba el origen, el peregrinaje, los errores morales y éticos y las tragedias. Pero también escuchaba la voz de promesa de Dios a través de todas las vicisitudes de la historia. En estas historias sagradas y populares que habían cristalizado en el libro de Génesis, Dios le hablaba a su pueblo que había pasado por la noche oscura del alma y de la historia, dándole una palabra de esperanza que aún nos habla hoy.

La formación de la Biblia hebrea

Capítulo 5

Cuando miramos el Antiguo Testamento notamos que los cristianos poseemos dos versiones parecidas pero diferentes del mismo. Entre los cristianos protestantes, el Antiguo Testamento contiene los mismos libros que el judaísmo usa como su Biblia (aunque en otro orden). Entre católicos, el Antiguo Testamento incluye otros materiales. En este capítulo, haremos un repaso de la formación de la Biblia hebrea que esencialmente es la base para el Antiguo Testamento cristiano. Abordaremos preguntas tales como: ¿Cuál es el contenido de la Biblia hebrea? ¿Qué libros incluye? ¿Cómo se formó esta colección? Más adelante veremos por qué el Antiguo Testamento católico es algo más extenso.

La Biblia de los judíos, a diferencia de la de los cristianos protestantes, organiza su colección en 24 libros. Estos 24 libros son el equivalente de los 39 libros del Antiguo Testamento de los cristianos protestantes. Los judíos dividen estos 24 libros en tres partes. Le llaman a esta colección Tanaka, que procede de tres palabras hebreas, *Tora* (nuestra Ley), *Nebim* (los profetas, desde Josué hasta Malaquías) y *Ketubim* (los Escritos, es decir, Salmos, los libros sapienciales, Rut, Ester, la historia del cronista y Daniel).

Los primeros cinco libros de la Biblia hebrea son conocidos por los judíos como la Tora. Estos libros son iguales a nuestros primeros cinco libros del Antiguo Testamento (católico y protestante), y también los conocemos como «la Ley». Cuentan la historia desde la creación hasta el discurso de Moisés antes que los israelitas entraran en la tierra de

Canaán. Desde luego, se llama Tora—es decir Ley—porque contiene las instrucciones básicas de la voluntad de Dios, tal como la entendían los antiguos israelitas. Esta colección vino a conocerse como la Ley cuando los persas la ratificaron como el código civil de los judíos en el período colonial en que los persas dominaron a los judíos (539–333 a.C.).

Podríamos resumir la Tora en seis partes: (1) la historia primordial (Gen 1–11), (2) Los patriarcas (Gn 12–50), (3) La liberación de Egipto (Ex 1–16), (4) el peregrinaje por Sinaí /Horeb (Ex 17–Levíticos), (5) el peregrinaje en el desierto (Números), (6) Discurso de despedida de Moisés (Deuteronomio).

La diversidad de materiales que se encuentran en la Tora implica que es una antología de tradiciones del antiguo Israel. Ya desde el siglo XVII en adelante, los estudiosos han notado la gran cantidad de materiales diversos que componen este material. En el proceso canónico se le adjudicaron a Moisés todos estos materiales. Pero su diversidad—y hasta contrariedad—sugiere que esto fue una estrategia literaria común en la antigüedad, en la que se le atribuyó toda esta tradición a un personaje medular de la cultura de los antiguos israelitas (Dt 31.24ss). El consenso sobre las fuentes literarias del Pentateuco (generalmente conocidas como *J, E, D y P), las rupturas literarias, las duplicaciones, y los relatos que asumen posiciones contrarias, hacen imposible que un solo personaje haya escrito toda esta obra.

La posición más sensata es que la Tora es una antología de tradiciones que arrancaron de tradiciones del folclor popular donde hallamos leyendas, sagas, historias de los orígenes, relatos sobre rituales, tradiciones legales y tradiciones míticas. Estas tradiciones ya se venían cristalizando en narrativas coherentes, como es el caso de las fuentes literarias del Pentateuco (especialmente J, P y D). A partir del exilio en Babilonia, estas tradiciones orales y escritas fueron editadas en un documento escrito semejante al que poseeos en la Tora. El ejemplo que hemos dado del relato de la creación muestra el proceso editorial, en que distintas tradiciones populares fueron recogidas poco a poco por los teólogos de Israel para formar colecciones que a la postre se convirtieron en libros, y en nuestro caso en una colección de cinco libros, la Tora.

El proceso canónico se aceleró con la destrucción de la monarquía, con la experiencia del exilio y con la necesidad de reorganizar a Israel como comunidad luego de esas experiencias. Una lectura de los libros de

Esdras y Nehemías nos muestra que luego de la restauración de Judá en el siglo V y IV a.C. hubo una serie de situaciones que fueron interpretadas como un peligro cultural por sectores de la comunidad postexílica. El libro de Nehemías nos da un atisbo de la situación: «El resto, los que se salvaron de la cautividad, allí en la provincia, están en una situación muy difícil y vergonzosa. El muro de Jerusalén está en ruinas y sus puertas destruidas por el fuego» (Neh 1.2). A esto hay que añadir los conflictos con la comunidad samaritana, la amenaza cultural de los matrimonios entre judíos y extranjeros, y la necesidad de buscar un nuevo centro que aglutinara la sociedad ahora que no había monarquía. Este fue el contexto en que las tradiciones que forman la Tora recibieron gran autoridad dentro de la comunidad postexílica.

Fue a mediados del siglo V a.C. que se instituyó oficialmente la Tora como ley de los judíos. El libro de Esdras nos presenta el edicto de Artajerjes (Jerjes I, 464–423 a. C.). La Tora se constituyó en la ley civil y religiosa de los judíos: «Y todo aquel que no cumpla *la ley de tu Dios*, y *la ley del rey*, será castigado rigurosamente, ya sea a muerte, a destierro, a pena de multa, o prisión» (Es 7.26, bastardillas nuestras). El régimen colonial persa, que dominó a Israel desde el año 539 hasta el 333 a.C. aceptó las tradiciones de la Tora como parte de las reformas en que se reorganizó la comunidad postexílica. Muy posiblemente el relato de Esdras (Es 8) nos presenta un núcleo histórico del mismo proceso desde el punto de vista ritual judío. En ambos casos, la Tora fue incorporada oficialmente en una forma predecesora de la colección que hoy leemos en nuestras comunidades (458–424 a.C.).

La Ley, reconocida por los persas como el gobierno interno de los judíos postexílicos, le dio forma a una sociedad centrada en los sacerdotes y en el culto del santuario. Esta colección, que conocemos como la Tora, vino a ser la primera parte del canon de la Biblia hebrea. A través de esta colección, el Israel postexílico se transformó en una sociedad con un código de identidad cultural, social, política y religiosa alrededor de un libro. Los inicios oficiales del canon bíblico sirvieron de código para la vida social de la sociedad israelita subordinada colonialmente al imperio persa. Este libro de la Ley codificado para organizar a Israel en su nuevo estatus colonial era posiblemente similar a nuestros primeros cinco libros de la Biblia hebrea.

Esta colección de cinco libros tuvo un desarrollo paulatino. Originalmente eran diversas tradiciones que se habían ido cuajando a través de la historia de Israel. La experiencia del exilio sirvió como la crisis social y política que hizo que estas tradiciones se cristalizaran en textos. Estos textos se utilizaron para reorganizar a Israel en su nueva situación colonial luego del exilio. Los persas tenían sometido a Israel como una de sus satrapías. La política persa aceptó estas tradiciones del pacto de Yahvé con Israel como el código para organizar a Israel mismo bajo la tutela imperial persa. Era una situación ambigua. Estos libros celebraban el señorío de Yahvé sobre Israel, pero a su vez tenían un nuevo rol, establecer las reglas políticas del señorío persa sobre Israel.

El último de los libros de la Tora era Deuteronomio. Deuteronomio era parte de una colección más amplia que incluía todos los libros desde Josué hasta II de Reyes. Los eruditos llaman a esta colección «la historia deuternomista». Estos otros libros de esa historia, eventualmente entraron al canon como la primera parte de lo que conocemos como los Profetas anteriores en el canon de la Biblia hebrea. Los teólogos judíos del período persa tuvieron que separar el Deuteronomio del resto de la historia deuteronomista (Josué a II de Reyes) e incluirlo como el último libro de la Torah. La historia deuternomista fue suprimida, posiblemente porque sus relatos eran inaceptables para los amos coloniales persas. Esa historia contaba la conquista de la tierra, los conflictos militares y políticos con los vecinos, la fundación de la monarquía. Tenía potencial revolucionario en tiempos del coloniaje. La metrópolis persa no podía aceptar esta historia de la formación política y religiosa de Israel como una potencia soberana en Palestina bajo la dirección de Yahvé. Por esta razón, la historia deuternomista (Josué a II de Reyes) tuvo que esperar que los vientos del coloniaje cesaran y llegara el período en que Israel no estuviera subordinado a los persas, ni luego a los griegos, para entrar con pleno vigor al canon de la Biblia. La historia deuternomista pudo entrar al canon cuando no había amos coloniales que pudieran ofenderse, y cuando la soberanía patria no era una ofensa, sino un logro que se le podía atribuir a la fidelidad de los judíos a Yahvé y a la presencia salvadora de Dios.

La historia deuteronomista se había ido hilvanando a través de un largo proceso histórico. Su énfasis en las tradiciones de Israel parecen indicar que era una tradición de Israel en tiempos de las monarquías de

Judá e Israel. En el 722 a.C. Israel fue destruido por Asiria. La tradición deuteronomista fue llevada a Judá por exiliados que la pusieron a salvo. En Judá, volvemos a encontrar esta tradición en la historia de Josías y el encuentro con la ley en el santuario (2 R 23.1–20). El libro de Jeremías contiene una voz fuerte y coherente con la tradición deuteronomista. La tradición deuteronomista tenía un esquema básico: a los fieles al pacto Dios los bendice; a los infieles, los maldice. Este esquema de bendición y maldición servía para explicar toda la experiencia histórica del pueblo de Israel y Judá. Los sufrimientos históricos que Israel había experimentado se explicaban como consecuencia de la desobediencia de Israel. Por otro lado, la historia deuteronomista llamaba a Israel a obedecer el pacto con Dios para recibir la bendición de Dios. La «teología de la retribución», como se llama este esquema de bendición y maldición, ponía su futuro en las manos de Israel. Si Israel era fiel a Yahvé, le esperaba un futuro de bendiciones.

De toda esta colección, se separó Deuteronomio, que se utilizó para cerrar el canon de la primera parte de la Torah. Ahora, la historia de bendición y maldición que articulaba el Deuteronomio, junto a los otros cuatro libros de la Torah, servían como instrumento de subordinación política y social a los persas.

La segunda parte de la Biblia hebrea es una colección conocida en hebreo como los *Nebim*, esto es, los profetas. Estos libros, a su vez, se dividen en los profetas anteriores y los profetas posteriores. Los profetas anteriores incluyen todas las tradiciones desde el libro de Josué hasta el libro de II de Reyes. Los estudiosos llaman a todo esto «la historia deuteronomista», porque tiene varios puntos comunes con Deuteronomio. Uno de ellos es una estructura básica en que se explica la historia como una relación entre la obediencia / bendición y la desobediencia / maldición. La parte conocida como los profetas anteriores incluye las tradiciones de la formación del antiguo Israel a través de la conquista y el conflicto con los vecinos de Canaán, el surgimiento de la monarquía, las dos casas monárquicas de Israel y Judá. Cuenta la intervención de los profetas como portavoces de la ética divina contra los desmanes de esas casas reales. Se narra la destrucción de Israel (el reino del norte) por parte de Asiria en el 722 a.C., y la destrucción de Judá (el reino del sur) por Babilonia en el 587 a.C. Se les llama profetas anteriores porque toda esta historia está salpicada por la intervención de las leyendas sobre los profetas que vivieron antes del exilio en Babilonia (587 a.C.). Los profetas que actúan como personajes en esta sección de la Biblia, en su mayoría, no tienen registros escritos en la otra sección, llamada los profetas posteriores. Esta parte de los profetas anteriores sirve de contexto para interpretar la próxima sección, los profetas posteriores.

Los profetas posteriores son los que tienen un nombre adscrito a una tradición profética en la Biblia hebrea. Son Isaías, Jeremías, Ezequiel, y los doce profetas menores. A estos últimos se les llama «menores» por la brevedad de las tradiciones adscritas a estos profetas, ya que se presentan en un solo rollo. La colección de los profetas posteriores se unió a la de los profetas anteriores porque la historia que se narra en esta sección sirve de contexto para comprender el ministerio y predicación de la tradición profética que se coleccionó en forma escrita.

Las tradiciones de los profetas tienen una larga historia a raíz de los inicios de la monarquía en Israel. Los profetas fueron poetas, místicos y anunciadores de juicio y esperanza para las casas de Israel y Judá. La voz de la justicia frente al poder centralizado de la monarquía de Judá y de Israel catapultó el prestigio de los profetas en la historia de Israel. Estas tradiciones nos muestran la denuncia social, política y religiosa de los profetas. Como hemos visto, los profetas derivaban su autoridad de su experiencia visionaria que les permitía juzgar su historia contemporánea a la luz de la palabra de Dios. Los profetas anunciaron la ruina de las monarquías relacionándola a la injusticia social, la opresión, la corrupción, y la violación de los sistemas de pureza de las tradiciones más amadas del Señor. Su palabra sirvió para comprender la ruina de las dos casas reales de Israel y Judá, y para aguardar confiando en las promesas de Dios para su pueblo.

La colección de los profetas circuló originalmente en forma oral. El oráculo primario de los profetas era una palabra de juicio y ruina contra la monarquía por haber violado el pacto con Dios. Esta fórmula oral venía enmarcada en lo que hemos llamado la fórmula del mensajero: «así dice el Señor». Las tradiciones de los profetas circularon oralmente entre sus discípulos, quienes a la postre las cristalizaron junto a otras de sus propias tradiciones. Ejemplo de esto es el libro de Isaías, donde encontramos la predicación de un profeta del siglo VIII a.C. a Judá, pero luego encontramos tradiciones del exilio (siglo IV a.C.), tradiciones del postexilio, y hasta tradiciones bastante más tardías. Obviamente, el libro de Isaías es una antología de la predicación de Isaías y sus discípulos durante más de 300 años.

El que la Ley fuera recibida en el canon como primera obra, antes que los profetas, podría señalar la resistencia a la denuncia de los profetas y sus discípulos contra los poderes políticos y religiosos de turno. Parece que en el período persa, la Ley tenía más utilidad y era menos amenazante que la literatura profética. Los relatos sobre la guerra, la conquista y el vasallaje eran contrarias a los intereses del imperio persa. Esa historia profética amenazaba los intereses coloniales de los persas y de los grupos que colaboraban con el coloniaje persa. Empero la experiencia visionaria, la denuncia contra los poderes y la visión esperanzada del futuro de Israel, les dieron una vitalidad a las tradiciones proféticas que a la postre hicieron inevitable su reconocimiento en Israel. Ya en el año 180 a.C., el libro de Jesús ben Sirah (Eclesiástico) alude a las tradiciones y relatos sobre los profetas, tanto en la colección de los profetas anteriores como en los profetas posteriores, como parte de la historia sagrada de Israel (Sir 44–49). Poco a poco, lo que había sido suprimido en el período persa, se hizo explícito en el período helenista (333–161 a.C.). Este período en que Palestina estuvo bajo el coloniaje de Alejandro Magno (333–323 a.C.), de los lágidas de Egipto (323–198 a.C), de los seléucidas (198–161 a.C.) de Siria, y finalmente la independencia macabea (161– 64 a.C.) proveyó el contexto en que las tradiciones proféticas fueron reconocidas explícitamente por el judaísmo como palabra sagrada. La literatura profética que poseemos incluye personajes del período persa como Hageo, Zacarías, la tercera parte de Isaías (Is 56–66), Malaquías, Abdías y Joel. Esto muestra que la tradición profética se fue tejiendo poco a poco hasta finales de la era persa. Es a fines de esta era, y muy posiblemente en el período helenista, que la sección conocida como los profetas por fin cristalizó como documento canónico. En II de Macabeos, libro que podríamos situar en el segundo siglo a.C., hay un texto en el que se les da autoridad a la Ley y los Profetas como palabra sagrada entre los judíos: «Les animaba citando la Ley y los Profetas» (II Mac 15.9 BJ). Esto es coherente con la literatura encontrada en *Qumrán*, que incluye comentarios de muchos textos proféticos con autoridad canónica.

Tora	Nebim	Ketubim
Génesis	**Profetas anteriores**	Salmos
Éxodo	Josué	Job
Levítico	Jueces	Proverbios
Número	I y II de Samuel	Rut
Deuteronomio	I y II de Reyes	Cantar de los cantares
		Eclesiastés
	Profetas posteriores	Lamentaciones
	Isaías	Daniel
	Jeremías	Esdras-Nehemías
	Ezequiel	Crónicas (I, II)
	El libro de los doce	Crónicas (I, II)

La tercera parte del canon judío fueron los *ketubim*, o escritos. En esta sección se incluyeron once libros, a saber, (1) los Salmos; (2-9) las tradiciones de sabiduría, esto es: (2) Job, (3) Proverbios, (4) Eclesiastés, (5) Cantar de los Cantares, (6) Daniel, (7) Ester, (8) Rut, (9) Lamentaciones; y (10–11) la historia cronista (I y II de Crónicas). Esta parte de la Biblia hebrea entró al canon a finales del período del cristianismo originario, ya entrado el segundo siglo—en el período formativo de los judaísmos que sobrevivieron a la destrucción del templo en el año 70 d.C., y a la guerra del mesías judío, Simón Bar Kochba en el 132 d.C. Aunque tradicionalmente se ha dicho que el canon que incluye esta parte de la Biblia fue fijado en Jamnia en el año 90 d.C., hoy los eruditos dudan de la veracidad de ese dato.

Un repaso de las fuentes primarias nos deja ver que estos otros libros gozaban de una creciente autoridad entre diversos grupos en el período entre el año 150 a.C. y el 150 d.C. Pero todavía era imprecisa la situación de estas obras. Por los textos hallados en Qumrán, sabemos que su versión del libro de los Salmos contenía algunos salmos distintos a los nuestros. Además, los sectarios de Qumrán tenían otros libros que nunca fueron aceptados por el judaísmo formativo en su versión final del canon, tales como I de Enoc, el libro de los Jubileos, el Testamento de los Doce Patriarcas, etc.

Los documentos más antiguos de los cristianos originarios mencionan una Biblia que sólo posee la ley y los profetas (Mt 5.17; Lc 16.16 —como veremos más adelante, estos materiales comunes a Mateo y Lucas, conocidos como Q, son muy antiguos dentro del cristianismo). No obstante, en uno de los relatos de la resurrección, Lucas menciona los Salmos (Lc 24.44). Las citas de Daniel (Mc 13.14, Ap 13), alusiones a Rut (Mt 1.5), y la voz sapiencial de algunos pasajes bíblicos en el NT (Stg 3) muestran que estos libros tenían una creciente autoridad en los judaísmos del período del NT, y que esa autoridad influenciaba a los cristianos originarios. La carta de Judas, sin embargo, muestra la situación fluida entre judíos y judeocristianos. Judas cita a I de Enoc (Jd 1.14ss) como si fuera un texto canónico. En efecto, el canon de algunos cristianos en Egipto y Siria todavía incluye a I de Enoc en sus versiones de la Biblia.

Filón de Alejandría, un intelectual judío residente en Alejandría, Egipto, era contemporáneo de San Pablo. Filón menciona una colección que contiene la Ley, los Profetas y «los salmos y otros libros a través de los cuales el conocimiento y la piedad pueden ser aumentados y perfeccionados»(De vita contemplativa, 25). Filón manifiesta una situación similar a la de los cristianos originarios, pues la tercera parte de la Biblia hebrea estaba cristalizándose en este período.

Flavio Josefo, quien fue general judío y se entregó a las fuerzas de ocupación romanas en el año 68 d.C., escribió varias obras medulares que nos sirven como fuentes primarias para conocer la era del segundo templo. En Contra Apión, señala que «...tenemos... sólo veintidós libros que contienen el relato de lo acontecido en todos los tiempos y que están bien acreditados» (1.38–41). Obviamente, para Josefo a finales del primer siglo, ya había una Biblia hebrea que incluía al menos parte de los Escritos. Algunos eruditos piensan que la Biblia hebrea que Josefo menciona con estos libros es la misma que tenemos hoy con veinticuatro libros. Se alega que en esta colección Rut era un apéndice a Jueces, y Lamentaciones era un apéndice a Jeremías. Otra alternativa más coherente con la discusión entre los rabinos en ese período formativo es que Josefo haya conocido una Biblia que no tenía a Ester, el Cantar de Cantares o Eclesiastés. Estos tres libros fueron cuestionados por los rabinos hasta tarde en el proceso formativo del judaísmo. El problema con Ester era que era un libro completamente secular. No tenía ni una sola mención del nombre de Dios, ni alusiones a la divinidad. En cuanto al Cantar de los Cantares, el problema era que a los rabinos les ofendía su lenguaje erótico. Les parecía un manual para recién casados. En el caso de Eclesiastés, su doctrina sobre la muerte era ofensiva a la teología sobre la resurrección de los fariseos, el grupo que dominó este período formativo en el judaísmo.

La *Misná*, un comentario sobre la Ley producido por los rabinos del segundo al cuarto siglo d.C., señala el problema que hubo con algunos libros en este proceso canónico del judaísmo formativo: «Todos los escritos sagrados que manchan las manos son sagrados. El Cantar de los Cantares y Eclesiastés manchan las manos. Rabbi Judá dijo, "el Cantar de los Cantares mancha las manos, pero Eclesiastés está en disputa". Pero Rabbi Akiba dijo: "¡Dios no permita! Ninguno en Israel disputa el hecho de que el Cantar de los Cantares mancha las manos porque el mundo entero no compara con el día que el Cantar de los Cantares fue dado a Israel. Todos los escritos son santos, pero el Cantar de los Cantares es el más santo de todos". Si había alguna disputa, era sólo sobre Eclesiastés» (*Yadaim* 3.5). La razón para el cuestionamiento de la autoridad canónica de Eclesiastés era el escepticismo radical de esa obra. En cuanto a la otra obra cuestionada, Ester, la fiesta judía del purim requería el libro de Ester como relato fundamental tras la fiesta. De todos modos, aún en el tercer siglo, el rabí Samuel señalaba en el Talmud que «el libro de Ester no mancha las manos.» (*Megillah* 7a). Esta metáfora, «manchar las manos», que hemos encontrado en la literatura judía, era una forma de afirmar la santidad de estos libros. Los libros comunes no manchan las manos. Así que esta metáfora está anotando los libros que los rabinos en el periodo formativo aceptaban como sagrados.

Ya era común entre la mayor parte del judaísmo aceptar la autoridad de la Ley y los Profetas. Lo que estaba en discusión era esta tercera parte de la Biblia hebrea. Esta tercera parte, sin embargo, tuvo varios elementos a su favor. Una vez el templo fue destruido, los únicos sacrificios que quedaban eran la oración, el ayuno y las obras de misericordia. Los salmos servían para dar contenido de oración a la vida diaria de los judíos que ya no tenían otros medios de hacer sacrificios. La tradición sapiencial servía para enseñar a vivir correctamente. Las historias de los jóvenes judíos en los primeros seis capítulos de Daniel eran un modelo de cómo vivir piadosamente en medio del mundo gentil. La historia cronista (I y II de

Crónicas) ofrecía una versión de la historia de Judá desde la perspectiva del culto. Las últimas palabras de II de Crónicas eran el mandato de Ciro para reconstruir el templo. Roma había destruido el templo. En el segundo siglo, el emperador romano Adriano les prohibió a los judíos volver a Jerusalén y puso un santuario a Júpiter en donde estaba el templo. Además le cambió el nombre a Jerusalén, llamándola ahora Aelia Capitalina. En ese contexto tan difícil II de Crónicas terminaba con una nota de esperanza. En algún momento en el futuro, Dios cambiaría la situación, para que su pueblo pudiese regresar y construir el santuario.

Es a mediados del segundo siglo d.C. que en II de Esdras se menciona una Biblia hebrea con 24 libros: «...el Altísimo me habló, diciendo, "Haz público los veinticuatro libros que escribiste primero, y deja que los dignos y los indignos los lean..."» (II Es 14.45 – 48, traducción mía).

En el próximo capítulo abordaremos el asunto del orden de esta versión de la Biblia comparado con el orden de la Biblia protestante, y las implicaciones que esto tiene. Además discutiremos por qué la Biblia católica es distinta.

La formación del Antiguo Testamento cristiano

Capítulo 6

Una mirada al Antiguo Testamento de los diversos grupos cristianos nos deja ver que hay libros diferentes en diferente orden. El Antiguo Testamento protestante contiene 39 libros, mientras que en la versión católica romana hay 46 libros. La Biblia católica romana y las tradiciones de la iglesia en Oriente tienen una serie de libros adicionales: (1) Sabiduría, (2) Eclesiástico, (3) Judith, (4) Tobías, (5–6) I y II de Macabeos y (7) Baruc. Hay otras diferencias en el libro de Daniel, donde se incluyen en la versión católica las historias de Susana y de Bel y el Dragón (Dn 13 y 14), y en el libro de Ester.

Libros del Antiguo Testamento en las Biblias católicas que no aparecen en las protestantes	
(1) Tobías	Fragmentos:
(2) Judith	Adiciones a Ester
(3) Sabiduría de Salomón	Epístola de Jeremías
(4) Eclesiástico	Oración de Azarías (en Daniel)
(5) Baruc	Historia de Susana (en Daniel)
(6) I de Macabeos	Bel y el Dragón (en Daniel)
(7) II de Macabeos	Oración de Manasés

¿A qué se debe la diferencia? ¿Por qué el Antiguo Testamento cristiano nos ha sido legado en dos versiones principales? Debemos comenzar señalando que la diferencia básica tiene sus orígenes en el judaísmo del período helenista. En ese período (333 hasta el 63 a.C.) muchos judíos que vivían en Alejandría y en otras regiones del mundo helenista (la

Diáspora) tuvieron un tránsito cultural en el que su idioma principal se convirtió en el griego coiné—el griego común. Fue algo así como la segunda generación de los niños latinos en los Estados Unidos, cuyo idioma principal se va volviendo el inglés. En la tercera generación, el español se ha perdido como el idioma de todos los días. En aquel mundo donde no había el tránsito continuo a la tierra madre de la cultura de una minoría como lo hay hoy, pronto las comunidades judías perdieron el idioma natal y ganaron el idioma internacional de aquel mundo, el griego coiné. Esto exigió que se tradujeran las Escrituras judías del hebreo y el arameo al griego. La Carta de Aristeas, un documento judío de principios del segundo siglo a.C., cuenta una leyenda que contiene un núcleo histórico sobre esta traducción de las Escrituras judías al griego. De acuerdo a la leyenda se escogieron 72 ancianos que estarían encargados de la traducción de los libros de la Ley y que produjeron la traducción en 72 días. De ahí nos viene el nombre de esta versión, la Septuaginta que ha sido resumido en números romanos a la sigla LXX. La Carta de Aristeas describe la traducción del texto hebreo al texto griego así: «Ellos realizaron (la traducción) haciendo que cada punto coincidiera entre sí mediante confrontación... La sesión duraba hasta la hora nona... Después de lavarse las manos en el mar y hacer las preces a Dios, según es costumbre de todos los judíos, se ponían a leer e interpretar cada pasaje. ...Y resultó que terminaron la obra de la traducción en setenta y dos días, como si tal empresa fuese realizada según un propósito fijado de antemano» (Aristeas 301–307). Obviamente los detalles de los 72 ancianos y los 72 días son elementos legendarios. Pero el núcleo histórico de esta leyenda es que la comunidad judía de Alejandría, a principios del segundo siglo a.C., necesitaba una traducción de sus Escrituras Sagradas al griego coiné.

El judaísmo alejandrino eventualmente recibió otros libros judíos que esta comunidad atesoró como sagrada escritura. Eventualmente, la Septuaginta llegó a tener todos los libros de la Biblia hebrea y otros libros y apéndices que encontramos en la versión católica del Antiguo Testamento. En el período de los cristianos originarios (primer siglo y principios del segundo siglo d.C.) esta Biblia griega se convirtió en el texto básico de los cristianos cuya lengua dominante era el griego. Un repaso de las citas que hace el Apóstol Pablo de la Biblia hebrea nos deja ver que usaba la Septuaginta como su versión de la Biblia. Los mismo es cierto de casi todos los otros autores del Nuevo Testamento. Un ejemplo de ello es que el relato del nacimiento virginal de Jesús en el evangelio de Mateo 1.23 requirió que fuera el texto de la Septuaginta el que se usara. El texto de la Biblia hebrea en su idioma original se refería al nacimiento de un niño de una mujer joven, pero no necesariamente una virgen. En resumen, la Septuaginta se convirtió en el Antiguo Testamento de los cristianos de habla griega. Durante los primeros dieciséis siglos de la historia del cristianismo, el Antiguo Testamento de los cristianos incluyó los libros de la Septuaginta (LXX).

La disputa sobre el uso del Antiguo Testamento entre cristianos del segundo siglo en adelante tuvo variados elementos. A pesar de que en las tradiciones más antiguas del cristianismo originario (los escritos del Nuevo Testamento) se aludía constantemente a la Septuaginta y a la Biblia hebrea como Escrituras, hubo cristianos en el segundo siglo que negaron la autoridad de las Escrituras hebreas para los cristianos. Marción de Bitinia alegó que no había continuidad entre las tradiciones sagradas de Israel y el cristianismo. Marción era de la opinión que en el evangelio se revelaba un Dios distinto al Dios del Antiguo Testamento. Esta opinión sobre el Antiguo Testamento fue rechazada por la Iglesia, entre otras cosas, porque las tradiciones más antiguas del cristianismo se entendían a sí mismas como hijas de la Biblia hebrea y la Septuaginta. Cuando en II de Timoteo 3.15 se señala que «toda Escritura es inspirada por Dios» se refiere esencialmente a la Septuaginta y a la Biblia hebrea. Cuando esto se escribió todavía no circulaban las cartas de Pablo, los evangelios, ni los demás documentos del Nuevo Testamento.

Los judíos del segundo siglo reaccionaron contra la Septuaginta debido a que ésta se convirtió en el texto que usaban los cristianos en sus debates contra ellos. Entonces los judíos produjeron una traducción de equivalencia literal de la Biblia hebrea conocida como la versión de Aquila. Aquila era un discípulo de Akiba que trató de aplicar reglas de traducción literal a la versión en griego. Otro judío de nombre Simaco tradujo la Biblia al griego en el segundo siglo d.C. Ésta fue una traducción donde se tomó en serio la importancia del idioma receptor, en este caso, el griego. En el tercer siglo, un teólogo cristiano, Orígenes, produjo un paralelo de los textos de la Biblia hebrea conocido como la Hexapla. La Hexapla tenía seis columnas en que se ponían en paralelo la Biblia hebrea, una transliteración del hebreo al griego, el texto griego de Aquila, el texto griego de Simaco, la Septuaginta, y en algunos casos, como en los Salmos, la versión griega conocida como Quinta. Desgraciadamente, sólo tenemos fragmentos de la Hexapla de Orígenes (fragmentos del Salmo 17, 23–31, 34–35, 45, 48, y 88). Eusebio de Cesarea, el gran historiador del siglo IV, en su *Vida de Constantino*, alegó que él y Pánfilo habían producido cincuenta copias de la Septuaginta que aparecía en la Hexapla de Orígenes a petición del emperador Constantino. Hubo otras versiones de la Septuaginta entre los cristianos del tercer y cuarto siglos. Luciano, un mártir cristiano que fue ejecutado en el 311 d.C., produjo un texto de la LXX, y Hesiquio produjo otro que se ha perdido.

En el cuarto siglo hubo disputa en la iglesia sobre la conveniencia de continuar usando la Biblia del judaísmo helénico o la alternativa de adoptar el texto canónico del la Biblia hebrea de los judíos, organizada finalmente en el segundo siglo de la era común. Jerónimo (347–420 d.C.) produjo una traducción de la Biblia al latín popular, tratando de responder a la multiplicidad de las traducciones al latín que venían corriendo en la iglesia desde el segundo siglo. Utilizó como base una versión de la Septuaginta, pero la revisó con el texto hebreo y arameo judío del Antiguo Testamento que había conocido en Palestina. En el año 386, Jerónimo se mudó a Belén, donde pasó el resto de su vida en intensa investigación bíblica. Cerca del año 390, influenciado por los judíos en Palestina, quienes ya tenían una Biblia con 24 libros (los mismos 39 libros del Antiguo Testamento protestante), decidió que una versión al latín de la Biblia debía basarse en el texto hebreo del Antiguo Testamento. Jerónimo señaló la diferencia entre el Antiguo Testamento griego y las versiones judías de su tiempo, y favoreció el que los cristianos aceptaran el Antiguo Testamento tal como los judíos lo habían compuesto. Intentó limitar el canon del Antiguo Testamento al canon de la Biblia hebrea. No pudo eliminar los libros que ahora los cristianos también estimaban, por lo que su traducción de la Biblia al latín tuvo que incluir los libros de la Septuaginta que no se hallaban en la Biblia hebrea de los judíos. Jerónimo alegó que estos libros de la Septuaginta que no estaban en la Biblia de los judíos podían usarse en la Iglesia para edificar al pueblo, pero nunca como corroboración de la fe cristiana: «Todo lo que no son estos libros debe ser considerado aparte dentro de los apócrifos.» El prólogo de Jerónimo a los tres libros de Salomón señala sobre los libros apócrifos (los siete libros adicionales de la Septuaginta) que

«... la Iglesia lee Judit, Tobit y los libros de los Macabeos sin considerarlos libros canónicos, permitamos leer también estos dos volúmenes para la edificación del pueblo aunque no sea para establecer la autoridad de los dogmas.» La versión al latín cuyo autor principal fue Jerónimo se conoce como la «Vulgata» —porque está en el latín común, del vulgo.

Contra esta posición de Jerónimo se levantó San Agustín (354–430 d.C.). Agustín alegaba que en los libros de la Septuaginta el Espíritu de Dios habló también, y por lo tanto estos otros libros debían ser incluidos en el Antiguo Testamento de los cristianos. Agustín asumió una posición ecléctica. Pensaba que tanto la versión hebrea del Antiguo Testamento como la LXX tenían autoridad canónica porque «...ambas son una y ambas son inspiradas por Dios» (*La ciudad de Dios* 18.44).

Esta discusión fue resuelta a favor del canon extendido de la LXX en el III Concilio de Cartago (397 d.C.), en el cual se aceptó que el canon del Antiguo Testamento incluiría estos siete libros que no eran parte del canon de la Biblia hebrea: «[Se acordó] que, fuera de las Escrituras canónicas, nada se lea en la Iglesia bajo el nombre de Escrituras divinas. Ahora bien, las Escrituras canónicas son: Génesis, Éxodo, Levítico, Números, Deuteronomio, Josué, Jueces, Rut, cuatro libros de los Reyes, dos libros de los Paralipómenos [Crónicas], Job, Salterio de David, cinco libros de Salomón, (Proverbios, Eclesiastés, Cantar de los Cantares, *Sabiduría*, *Sirah*), doce libros de los profetas, Isaías, Jeremías, Daniel, Ezequiel, *Tobías*, *Judit*, Ester, dos libros de Esdras, *dos libros de los Macabeos*.» (Canon 36, los libros de la LXX los he puesto en bastardillas).

La Iglesia de Occidente y la Iglesia de Oriente asumieron posiciones bifurcadas en cuanto a este canon. En Occidente este canon tuvo plena autoridad canónica. La Iglesia de Oriente aceptó la autoridad canónica de estos libros, pero los separó en una colección aparte.

En el siglo 12, Hugo de San Víctor señaló que estos libros adicionales de la Septuaginta «se leen en la iglesia pero no se inscriben en el cuerpo del texto o en el canon de libros con autoridad» (*De los sacramentos* I, 7).

Esta discusión se sacó a relucir nuevamente en la Reforma protestante en el siglo XVI. En un debate entre Lutero y Johann Maier von Eck, Lutero fue desafiado a aceptar la intercesión por los muertos conforme a 2 de Macabeos 12.46 donde dice: «Esta fue la razón por la cual Judas ofreció este sacrificio por los muertos; para que fueran perdonados de su pecado». Lutero alegó que Jerónimo había señalado una norma en la que estos libros adicionales de la LXX no debían utilizarse para establecer autoridad en dogmas eclesiásticos. En 1534, Lutero publicó su versión de la Biblia al alemán. En esta traducción, publicó los siete libros como una sección aparte en el Antiguo Testamento. Añadió que esos libros no había que considerarlos igual a las santas Escrituras, pero que eran útiles y buenos para leerlos. En el caso de la versión más difundida de la Biblia entre los protestantes, la Versión Reina Valera, es importante notar que fue publicada originalmente con los siete libros adicionales de la LXX.

Esta posición de Lutero sobre el Antiguo Testamento fue seguida por la versión de Coverdale (1535) al inglés, quien publicó los libros adicionales de la Septuaginta como una cuarta parte del Antiguo Testamento, pero señalando que estos libros «no fueron reconocidos por los padres de la antigüedad con la misma autoridad que los otros libros de la Biblia ni se encuentran en el canon hebreo».

Con esta acción, la Reforma ponía las semillas que eventualmente crearon dos versiones del Antiguo Testamento entre los cristianos, el católico romano y oriental, por una parte, y el protestante por otra. Este cuestionamiento de los libros de la Septuaginta que no estaban en la Biblia hebrea hizo que en el Concilio de Trento (1546 d.C.), la Iglesia católica romana señalara que para los católicos la última palabra la tenía la Vulgata latina, que incluía estos libros.

En 1562, la Iglesia de Inglaterra señaló en sus treinta y nueve artículos de religión una política sobre los libros adicionales de la LXX: «y los otros libros—como dijo Jerónimo—la Iglesia los leerá como ejemplos para la vida e instrucción acerca de la conducta, pero no se utilizarán para formular ninguna doctrina.» Ya en 1640 se omitieron estos libros de una edición de la Biblia de Ginebra publicada en Amsterdam. La Biblia del Rey Jaime (o del Rey Jacobo) se publicó originalmente con los libros deuterocanónicos—que así se llama a los libros que no son parte del canon hebreo. Pero ya desde 1626 en adelante se comenzó a publicar sin estos libros. En 1644 los puritanos lograron pasar una ley en el parlamento inglés que ordenó que se dejara de leer estos libros en los cultos de la Iglesia de Inglaterra. La Confesión de Westminster de 1647 señala que los libros en discusión «no siendo de inspiración divina, no forman parte del canon de la Escritura; y, por tanto, carecen de autoridad en la Iglesia de Dios, y no son más válidos o útiles que cualquier otro escrito humano.» Este espíritu cada vez más hostil hacia los libros de la Septuaginta logró que en la primera versión de la Biblia que se publicara en inglés en Norte América, en Filadelfia en 1782, se omitieran los libros apócrifos.

No fue hasta el siglo XIX que en el Antiguo Testamento protestante se eliminaron definitivamente los libros adicionales de la Septuaginta a favor del canon de la Biblia hebrea. En 1827 la Sociedad Británica y Extranjera se suscribió absolutamente a la Confesión de Westminster y adoptó la política de publicar Biblias con el Antiguo Testamento conforme al canon de la Biblia hebrea, pero en el orden protestante. Esta fue la versión de la Biblia que conocieron las misiones protestantes a Latinoamérica, por lo cual nuestra versión Reina Valera no contiene estos libros que originalmente sí fueron traducidos y publicados en la *Biblia del Oso* publicada por Casiodoro de Reina en 1569 (el texto original de Reina Valera).

Recientemente, las Sociedades Bíblicas Unidas han publicado una versión de la Biblia con el Antiguo Testamento común a católicos y protestantes. En esa versión, los libros tomados de la Septuaginta, y aceptados por católicos y orientales, pero no por protestantes, aparecen en un apéndice con el nombre de «deuterocanónicos», esto es, admitidos en el Antiguo Testamento en un segundo proceso canónico. En un tiempo de mayor tolerancia entre los cristianos, luego del Segundo Concilio del Vaticano, se hizo posible una publicación en que tanto católicos como protestantes tuviéramos bajo una carpeta los dos cánones del Antiguo Testamento que habíamos debatido por muchos siglos.

El orden y contenido del Antiguo Testamento

Capítulo 7

Una mirada a la Biblia hebrea, al Antiguo Testamento protestante y al Antiguo Testamento católico nos muestra que la diferencia entre estas versiones no está sólo en la lista de libros que se incluyen, sino también en su orden. Obviamente, este orden y el contenido de los libros de estas distintas versiones tienen el propósito de presentar ciertas percepciones y entendimiento teológico. El orden mismo en que se presentan estas diversas colecciones es un instrumento de persuasión. Por ello, la estructura y el orden de los libros requieren reflexión.

Veamos primero la Biblia hebrea. La primera parte es la Tora. La palabra «Tora» tiene el doble sentido de ley e instrucción. Como ley es un código civil y religioso en que se establece un contrato entre Dios y su pueblo: el pacto o alianza. La Biblia hebrea comienza con una serie de historias sobre los orígenes, que culminan en el pacto en el cual el pueblo de Dios se obliga a una obediencia a la voluntad divina a cambio de que Dios le dispense su presencia y bondad. Los primeros 12 capítulos de Génesis incluyen una serie de historias de maldición por violación de la voluntad de Dios. Esto concluye con el llamado de Abram, donde se hace posible solucionar la historia de maldición mediante una nueva historia de bendición. El final del libro de Deuteronomio pone en boca de Moisés un discurso sobre las bendiciones y maldiciones de acuerdo a la observancia de la ley e instrucción divina. Estas dos partes de la Tora sirven como el exterior de una estructura concéntrica. En medio de esta estructura concéntrica está la formación física del pueblo de Dios, la liberación del pueblo, el peregrinaje en el desierto; todo ello señalando lo central que es el pacto entre Dios y su pueblo a través de la dádiva de la Ley. La estructura literaria de la Tora está orientada a advertir a los lectores sobre la importancia de velar por la observancia del pacto en vista de estos relatos de maldición y bendición que abren y cierran la obra.

La segunda parte de la Biblia hebrea consiste en los profetas. Como hemos señalado, los profetas incluyen las narrativas conocidas como «profetas anteriores» y los escritos adjudicados a las escuelas proféticas o «profetas posteriores». Esta segunda parte del canon se debe leer en diálogo con la Tora. Lo que la Tora había señalado como imperativos del pacto, ahora tiene un escenario en la historia (la conquista, la historia de los jueces, la historia de las monarquías). Josué comienza con una historia de la conquista que termina con el relato del pacto de Siquem, donde nuevamente se invita a Israel a escoger entre pactar o salirse del pacto con Dios: «Ahora, pues, temed a Jehová y servidlo con integridad y verdad; quitad de en medio de vosotros los dioses a los cuales sirvieron vuestros padres al otro lado del río y en Egipto, y servid a Jehová. Si mal os parece servir a Jehová, escogeos hoy a quién sirváis; si a los dioses a quienes sirvieron vuestros padres cuando estuvieron al otro lado del río, o a los dioses de los amorreos en cuya tierra habitáis; pero yo y mi casa serviremos a Jehová. Entonces el pueblo respondió: —Nunca tal acontezca, que dejemos a Jehová para servir a otros dioses, porque Jehová, nuestro Dios, es el que nos sacó a nosotros y a nuestros padres de la tierra de Egipto, de la casa de servidumbre; el que ha hecho estas grandes señales, y nos ha guardado durante todo el camino por donde hemos andado, y en todos los pueblos por los cuales pasamos» (Jos 24.14–17). El diálogo entre Josué y el pueblo sirve como ritual de ratificación de la relación de pacto entre Israel y el Señor.

El resto de los profetas anteriores muestra la volubilidad de Israel respecto al pacto, y sus consecuencias nefastas. El libro de Jueces sigue una estructura de apostasía, idolatría, ira divina, maldición, arrepentimiento de Israel, surgimiento de un libertador llamado por Dios, liberación y un tiempo de paz, y luego un regreso al principio del ciclo. Este ciclo confirma el señalamiento de la Tora, que Israel con su conducta optará por la maldición o la bendición. En cierta forma el relato pone la responsabilidad sobre la bendición y la maldición sobre los hombros de Israel. Si cumplen con su parte del pacto les espera un futuro de bendición. Pero la historia de Jueces es un constante ir y venir entre la apostasía y la fidelidad que culmina en la destrucción de Israel en el 722 a.C. por Asiria, y la destrucción de Judá en el 587 a.C. por Nabucodonosor, rey de los caldeos.

En medio de toda esta narración se cuenta la intervención de los profetas que llaman a Israel y a Judá a observar el pacto con el Señor. Pero Israel y Judá han quebrantado el pacto y por ello sufren todas las maldiciones que la Tora advertía desde un principio.

La segunda parte de los Profetas presenta los oráculos y hechos de los profetas que han dejado una tradición escrita. Estas obras son antologías de oráculos relacionados con los profetas aludidos y con sus discípulos. Sus palabras de juicio han culminado en la historia de la destrucción de Judá y Efraím. Pero cada libro adjudicado a un profeta tiene dos partes: los oráculos de juicio y los oráculos de salvación y promesa. Es esta segunda sección de esperanza la que le da un cariz especial a la literatura profética. Ya el pasado de ruina y maldición es una realidad que no se puede resolver; pero lo mejor está en la promesa salvadora de Dios. La literatura profética funciona como un mensaje de esperanza para Israel y para el resto del pueblo de Dios en las noches oscuras de la historia y de la vida personal. El futuro esconde al Señor que viene como salvador de su pueblo. A pesar de los fracasos, errores y horrores vividos recientemente, Dios está en el futuro.

La tercera parte de la Biblia hebrea son los Escritos. Es una colección diversa. Hay tradiciones litúrgicas, sapienciales, apocalípticas (Daniel 6–12), históricas (la obra cronista), etc. Como es una sección que se terminó de canonizar en el segundo siglo d.C., es menester preguntarse cómo funcionó esta tercera parte en el contexto de ese siglo. Fue el tiempo en que se perdió la patria, el templo, la ciudad amada, y la tierra. Ante estas pérdidas espirituales, culturales, políticas y humanas, ¿qué le quedaba a Israel? Israel podía hallar una nueva identidad después de esta tragedia contando sus historias. En la Diáspora o dispersión estas historias y el resto del canon (la Ley y los Profetas) eran la patria. Específicamente, Roma había destruido a Jerusalén y su templo en el año 70 d.C. y había aplastado a Bar Kochba, Mesías judío de principios del segundo siglo, quien fue derrotado por Adriano en el año 132. Adriano había prohibido la circuncisión so pena de muerte, había cambiado el nombre de Jerusalén a Aelia Capitalina, había puesto un templo a Júpiter en el lugar donde estaba el templo del Señor, y había encauzado el viejo impuesto judío al templo, para que ahora fuese para Roma en lugar de Jerusalén. Era un tiempo de gran crisis cultural, espiritual y política. Este era el nuevo contexto en que se leían todos estos libros, que cobraban una nueva dimensión de cara a los sufrimientos presentes de los judíos.

El primer libro de los Escritos era el de los Salmos. Aquí se encuentran los cánticos y oraciones de Israel por los siglos. Los cantos de lamento servían para liberar a los judíos de todo el pesar por la tragedia a que se acababan de enfrentar. Las alabanzas le daban una tónica positiva y de esperanza a la vida. Roma habría destruido el templo, habría ocupado a Sión; pero no podía ocupar el alma del pueblo de Dios. Las alabanzas de los Salmos mantenían el culto y los sacrificios dondequiera que se encontraran los fieles en la dispersión.

El segundo libro de los Escritos era Job. En este libro se cuestiona toda la teología de retribución que era el eje de la Ley y los Profetas. La teología de la retribución dice que al bueno Dios le da bien, y al malo le da mal. Job es un hombre fiel que ha cumplido con el pacto pero ha sufrido todas las maldiciones posibles. Lo extraordinario del libro de Job es que hasta Dios tiene que sumarse a dar una respuesta enigmática ante la solvencia moral de los reclamos de Job. Job se convertía en un personaje en quien los judíos fieles del segundo siglo podían mirar su propia tragedia sabiendo que, aunque a veces parece que la palabra de Dios es un enigma, hay razones para mirar más allá de la tragedia presente, a un futuro de bendición.

El tercer libro de los Escritos era Proverbios. Esta era una colección de dichos de sabiduría que podía guiar a los judíos para vivir bajo la voluntad de Dios siguiendo la sabiduría y el sentido común. Era una forma de cumplir con el pacto sin entrar en la casuística de los 614 mandamientos que debían cumplir los judíos fieles según el fariseísmo.

El libro de Rut era el cuarto libro de los Escritos. Presenta una historia de cómo Dios está presente en toda esta ambigüedad del encuentro entre los judíos y los gentiles, al grado que una gentil moabita (Dt 23.3), pueda ser la abuela del Mesías (David). Esto podía presentar un encuentro positivo entre judíos y gentiles que tanta falta hacía en medio de la situación antagónica del segundo siglo.

El quinto libro de los Escritos fue el Cantar de los Cantares. Era una obra que celebraba el amor erótico. Los rabinos quisieron eliminarla por el escándalo de hacer público el amor pasional entre los seres humanos. Para salvarlo lo convirtieron en una alegoría del amor entre Yahvé y su pueblo. Dios ama a su pueblo apasionadamente. Era una lectura de gran esperanza en medio de la situación del segundo siglo. Akiba, el gran rabino que fue descuartizado por Roma en ese mismo siglo, decía que este libro le recordaba a Israel la imagen masculina y femenina de Dios. Para Akiba, el Cantar de los Cantares era el libro más sagrado que existía. Como Akiba fue un mártir, no hubo manera de eliminar esta obra que en realidad celebra el erotismo humano.

El Eclesiastés fue el sexto libro en esta colección. No debemos olvidar que el número seis es simbólico en el judaísmo, donde representa lo imperfecto. Como ya hemos visto, algunos rabinos querían eliminar este libro del canon. Quizá por eso fue puesto en sexto lugar, pues era un libro que no cuadraba con la fe de los fariseos que dominaron el judaísmo luego de la destrucción del segundo templo. El libro era muy patético en cuanto a la esperanza. Todo lo que existe es esta vida. La muerte humana hace a los seres humanos iguales a cualquier animal (Ecl 9.10). Pero este pragmatismo visceral le daba una importancia vital a este libro en medio de la angustia que se sufría en el segundo siglo. El Eclesiastés siempre ha funcionado con un realismo cruel, que todos sospechamos tiene una honestidad teológica radical.

Luego de toda esta honestidad, venía el séptimo libro de los Escritos, Lamentaciones. En el judaísmo, el siete es el número de la plenitud. Ahora en el segundo siglo, la plenitud se representaba en estos lamentos. Eran cuatro capítulos de lamentos individuales y comunitarios de quienes quedaron en Palestina en el 587 a.C., luego de la destrucción del primer templo. Aquellos antiguos lamentos servían ahora de válvula de desahogo a los judíos del segundo siglo, que pasaban por una situación similar respecto a Roma. Lamentaciones marcaba el tiempo de los Escritos como tiempo para llorar y lamentarse.

El octavo libro era Ester. El número ocho es símbolo de un nuevo comienzo. La palabra «Ester» significa «estrella». Ester era una estrella brillante para los judíos porque mostraba la astucia de una judía en la corte pagana como un camino de la salvación, aun sin nombrar a Dios. El que Dios no se nombre no hace que la salvación sea menos efectiva. Ester mostraba el sinergismo: a Dios orando y con el mazo dando. La astucia e intriga de Ester hizo posible la salvación de los judíos en otra época.

Ahora en el siglo segundo necesitamos muchas mujeres (y hombres) como Ester (y Mardoqueo). Esta hora de tragedia podría convertirse en una oportunidad para la salvación en la historia.

El noveno libro de los Escritos era Daniel. Estaba escrito en dos idiomas: hebreo y arameo; y en dos géneros literarios: novelas y visiones apocalípticas. Las novelas pequeñas en el libro de Daniel mostraban cómo un judío fiel puede sobrevivir bajo el poder hegemónico de los gentiles. Las visiones muestran la victoria final de Dios frente a los poderes dominantes.

El décimo y undécimo libro es Esdras-Nehemías. Son historias de líderes judíos aliados a los regímenes imperiales que aprovecharon su poder para hacer bien a Israel. Ambos encarnan el sistema de pureza y la protección de la identidad judía que estaba en precario en el segundo siglo y que los fariseos trataban de estimular entre todos los judíos. En medio de las dificultades y desafíos, ambos Esdras y Nehemías, fueron grandes «salvadores» de su pueblo dentro de los límites de la historia.

Los últimos libros de los Escritos fueron I y II de Crónicas. Se vuelve a contar la historia de Judá desde el punto de vista del sacerdocio. No hay que olvidar que los fariseos intentaban hacer que cada judío viviera bajo el riguroso sistema de pureza del sacerdocio. El punto principal en esta historia se encuentra en las últimas palabras de II de Crónicas: «En el primer año de Ciro, rey de los persas, para que se cumpliera la palabra de Jehová, dada por boca de Jeremías, Jehová despertó el espíritu de Ciro, rey de los persas, el cual hizo pregonar de palabra y también por escrito, por todo su reino, este decreto: "Así dice Ciro, rey de los persas: Jehová, el Dios de los cielos, me ha dado todos los reinos de la tierra, y me ha mandado que le edifique Casa en Jerusalén, que está en Judá. Quien de entre vosotros pertenezca a su pueblo, que sea Jehová, su Dios, con él, y suba allá"» (2 Cr 36.22–23). Es cuestión de cambiar los nombres. En el relato fue Ciro quien cumplió la palabra del Señor de restaurar a Jerusalén, pero ahora la historia cronista se convertía en una esperanza de que de alguna manera Dios levantaría salvación para los judíos a pesar de toda la tragedia que habían tenido con la nueva Babilonia, Roma.

Orden de libros en la tercera parte de la Biblia hebrea:	
Salmos	Lamentaciones
Job	Ester
Proverbios	Daniel
Rut	Esdras Nehemías
Cantar de los cantares	I y II de Crónicas
Eclesiastés	

El canon cristiano del Antiguo Testamento mantiene los cinco libros de la Tora en el mismo orden. Las diferencias vienen en las otras dos partes. El Antiguo Testamento cristiano mezcla los Escritos en la sección de los Profetas. Así, Rut se añade inmediatamente después de Jueces, mientras que I y II de Crónicas, Esdras y Nehemías se añaden inmediatamente después de la historia deuteronomista (I y II Samuel, I y II de Reyes). Esto se puede explicar por la comunidad de los géneros literarios. Todas estas obras de alguna forma narran la historia de Israel a través de los tiempos. La Biblia Católica añade la historia de Tobías y de Judit inmediatamente después de Esdras y Nehemías. Tobías y Judith son dos historias que se sitúan ficticiamente en el período asirio (siglo VIII a.C.). Realmente, son historias judías del período helenista. Tobías narra la historia de Tobit y de su hijo Tobías, un israelita fiel que fue desterrado a Nínive, la capital de Asiria. El destierro aludido es el del 722 a.C., cuando Israel fue destruido por Asiria. La historia continúa hasta la destrucción de Asiria. Muestra cómo en la vida cotidiana Dios acompaña a sus fieles. En el caso de Tobías, un ángel le acompaña en forma de una persona de nombre Rafael. Este ángel le comunica cómo sanará a su padre con las entrañas de un pescado y cómo las usará para exorcizar a Sara, su futura esposa quien ha enviudado siete veces debido a un demonio que mata a sus maridos. Tobías se muestra pío, al igual que su padre. Tobías cuadra perfectamente con la agenda de Esdras / Nehemías, que están tratando de construir una comunidad de pureza en la tierra de la promesa. Pero en el caso de Tobías, los personajes modelan la piedad en la dispersión.

Judith es una heroína judía que salva a Israel a través de la seducción del general Asirio Holofornes, a quien le corta la cabeza en el lecho de seducción.

El próximo libro de la Biblia católica es Ester, pero con las añadiduras de la LXX. El capítulo 11 narra cómo en el reino de los lágidas, en Egipto, la tradición de Ester se usó para celebrar la fiesta judía del Purim. En el mismo capítulo aparece el sueño de Mardoqueo sobre la guerra entre dragones que provocaba la guerra y persecución contra los judíos, y cómo ante el ruego de éstos, los poderosos de las naciones eran derrotados. El capítulo 12 presenta una historia de cómo Mardoqueo libró al rey Asuero de una conspiración, y cómo a cambio de esto fue nombrado ministro del gobierno. El capítulo 13 presenta la carta de Asuero dando una orden de genocidio contra los judíos. Esta carta contrasta con la oración de Mardoqueo, quien intercede por Israel: «...todo está sometido a tu poder y no hay nadie que pueda oponerse a ti si tú quieres salvar a Israel» (Est 13.8, Biblia Latinoamericana). El capítulo 14 narra la oración de Ester ante la amenaza gentil. Nótese que con estas añadiduras el libro de Ester ha tomado un cariz dentro de la piedad judía, y se ha convertido explícitamente en una historia de salvación divina. Ester 15 es el diálogo entre Ester y el rey que transforma el libro para encajar en las expectativas religiosas del judaísmo. Ester percibe al rey como un ángel de Dios. El capítulo 16 es la carta de Mardoqueo a nombre del rey Asuero formulándole cargos a Amán, antiguo ayudante del rey Asuero, quien lo había persuadido de ejecutar a todos los judíos. Esta carta declara al judaísmo religión lícita. Además, les da a los judíos facultad de defenderse en caso de que fueran atacados.

Entre los libros sapienciales, la Biblia católica introduce el libro de Sabiduría y el Eclesiástico de ben Sirah. Son libros muy parecidos a Proverbios, pues tienen una larga lista de dichos de sabiduría. Un pasaje importante del Eclesiástico es el relato de la búsqueda de un lugar en el mundo para la sabiduría: « La sabiduría hace su propio elogio, en medio de su pueblo, se gloría. En la asamblea del Altísimo abre su boca, delante de su poder se gloría. "Yo salí de *la boca* del Altísimo, y cubrí como niebla la tierra. Yo levanté *mi tienda* en las alturas, y mi trono era una columna de nube. Sola recorrí la redondez del cielo, y por la hondura de los abismos paseé. Las ondas del mar, la tierra entera, todo pueblo y nación era mi dominio. Entre todas estas cosas *buscaba reposo*, una heredad en que *instalarme*. Entonces me dio orden el creador del universo, el que me creó dio reposo a mi tienda, y me dijo: '*Pon tu tienda* en Jacob, entra en la heredad de Israel.' Antes de los siglos, desde el principio, me creó, y por los siglos subsistiré. En *la Tienda Santa*, en su presencia, he ejercido el ministerio, así en *Sión* me he afirmado, en la ciudad amada me ha hecho él reposar, y en Jerusalén se halla mi poder» (Sir 24.1–11, bastardillas mías). Una mirada cuidadosa a este pasaje nos muestra que éste es el trasfondo del capítulo 1 de Juan, donde se afirma que «el verbo [la sabiduría] se hizo carne y habitó entre nosotros» (Jn 1.14). Toda esta tradición sobre la sabiduría es el contexto teológico de nuestra confesión sobre el Verbo encarnado. La diferencia es que el Verbo se encarnó, no en Jerusalén, ni en el Santuario, ni en la Ley, sino en un campesino galileo.

Otro lugar donde la Biblia hebrea resulta diferente en el canon griego y católico romano es en el libro de Baruc, incluyendo la carta de Jeremías. El libro de Baruc es una colección de oraciones de confesión de pecados por parte de los exiliados en Babilonia, reconociendo la deportación como un castigo por la falta de fidelidad de Judá y rogando por la misericordia divina para con el pueblo castigado en Babilonia. En la oración se ruega a Israel que vuelva a la obediencia a la ley de Dios para que pueda salir del atolladero del exilio y todas sus calamidades: «Ella es el libro de los preceptos de Dios, la Ley que subsiste eternamente: todos los que la retienen alcanzarán la vida, mas los que la abandonan morirán. Vuelve, Jacob y abrázala, camina hacia el esplendor bajo su luz» (Baruc 4.1, Biblia de Jerusalén). Baruc termina con un discurso de esperanza para los exiliados: «¡Ánimo, Jerusalén!: te consolará Aquel que te dio nombre» (Baruc 4.30, Biblia de Jerusalén).

En la versión griega que leemos en los deuterocanónicos, el libro de Daniel tiene varias añadiduras. Uno de esos fragmentos es la historia de Daniel y Susana. Es una historia que muestra la gran sabiduría de Daniel ante un caso en que Susana es acusada de adulterio por dos ancianos de Israel que habían tratado de seducirla, pero ella se negó. La otra historia es contra los ídolos: Bel y el Dragón. Es una historia en que se prueba que los sacrificios hechos a los ídolos son vanos. En este caso, Daniel manda echar ceniza por el suelo ante la imagen de Bel. Cuando el rey regresó para ver si Bel había tomado la ofrenda de alimentos, encontró que había sido tomada, pero Daniel le mostró que el piso estaba lleno de huellas de los pies de los sacerdotes que habían entrado a tomar la comida. Es una ironía contra las imágenes de la religiosidad pagana.

Las últimas obras con que termina el Antiguo Testamento católico son I y II de Macabeos. Estos libros cuentan la guerra de liberación nacional y cultural de los judíos frente al reino helenista de los seléucidas desde el año 174 al 161 a.C. Narran cómo se venció a los seléucidas, y cómo se reorganizó el país luego de los atentados contra los judíos de Antioco Epifanes IV. Este rey seléucida, ante la deuda impositiva con Roma por su guerra con Egipto, que era el granero de Roma en aquel tiempo, saqueó el templo. Como los judíos le hicieron resistencia a sus actos de profanación, prohibió el judaísmo y la circuncisión, profanó el templo, lo rededicó a Zeus Olimpo, y prohibió la observancia de la Ley. Esto provocó una guerra entre la familia macabea y los seléucidas. Los macabeos vencieron y reorganizaron el país bajo el gobierno de los sacerdotes.

Un detalle a notar es que el Antiguo Testamento católico al concluir con estos libros de los Macabeos convierte al Antiguo Testamento en una historia de la salvación. El libro que comenzó con los orígenes del mundo y del pueblo de Dios, ahora termina con otra historia. Estas dos historias en los extremos del Antiguo Testamento crean las condiciones para que su lectura resulte en una historia de la salvación.

El Antiguo Testamento protestante tiene su propia configuración que a su vez produce un impacto distinto en los lectores. Como ya hemos dicho, el Antiguo Testamento protestante no tiene los libros de la LXX. En términos de contenido, son los mismos libros de la Biblia hebrea. La diferencia está en el orden de los libros. El Antiguo Testamento protestante tiene una primera parte igual que la Biblia hebrea, los cinco libros de la Ley. La diferencia está en la sección de los Profetas y en los Escritos. Los Escritos han sido intercalados en su mayor parte entre los profetas anteriores y los profetas posteriores. Daniel ha sido intercalado luego de los tres grandes profetas: Isaías, Jeremías y Ezequiel. Es posible que esto tenga que ver con el contexto narrativo de Daniel, el periodo babilónico y persa. Lo medular en el Antiguo Testamento protestante es que es al final que se presenta la literatura relacionada a los profetas. De esta manera, el Antiguo Testamento protestante se convierte en un libro de promesa. El efecto de esto es que entonces se hace imprescindible que a la promesa de Dios siga el cumplimiento. El Antiguo Testamento protestante requiere otra parte que cumpla estas promesas. Este cumplimiento desde luego es el Nuevo Testamento, que junto al Antiguo conformará la Biblia completa de los cristianos protestantes.

Por último, en este capítulo debo mencionar que entre los cristianos de Egipto, los coptos, el Antiguo Testamento tiene un libro adicional, un apocalipsis conocido como I de Enoc. Esta obra no fue aceptada en el canon de la iglesia de occidente (católica) ni en la de oriente (ortodoxa), ni por los protestantes. Pero nuestros lectores deben notar que el autor de Judas consideraba este libro como Escritura (Jd 1.14). También hay que notar que en el Nuevo Testamento algunos cristianos de la iglesia de Siria tienen un evangelio llamado el *Diatesarón*, que es un resumen y armonía de los cuatro evangelios. El Nuevo Testamento es una obra que todos los cristianos comparten por igual, aunque también tiene una historia que necesitamos contar. Con este señalamiento sobre el Nuevo Testamento, nos movemos a él y a su formación, temas que compondrán el resto de esta obra.

La formación del Nuevo Testamento

Capítulo 8

Los cristianos, no importa de qué tradición cristiana provengamos, compartimos un Nuevo Testamento con los mismos 27 libros y en el mismo orden. Estos libros que integran el Nuevo Testamento surgieron en respuesta a las necesidades de las iglesias de los primeros siglos. Las iglesias necesitaban contar historias de Jesús, tener reglas éticas claras, definir su entendimiento de Dios y de la vida. Estas necesidades de la vida diaria de las comunidades de fe culminaron en un proceso de reunir y canonizar estos 27 libros. Los cristianos de los primeros siglos coleccionaban muchos libros. En el proceso de canonización se articularon unos principios que encaminaron la formación del Nuevo Testamento que usamos en nuestras iglesias. Estos principios sirvieron para excluir otros libros, muchas veces muy edificantes, pero que no fueron parte de la colección de textos sagrados para la vida de la iglesia.

En este capítulo vamos a abordar el contenido de los libros del Nuevo Testamento y el proceso y principios que se utilizaron para coleccionar estos libros y no otros. Esto nos puede ayudar a apreciar nuestro Nuevo Testamento, y también a comprender las limitaciones que muchas veces encontramos en algunos pasajes bíblicos. Abordaremos el concepto del canon, el proceso canónico, y los principios que se utilizaron para aceptar la autoridad de un libro o para rechazar otro. En los otros capítulos entraremos en una descripción literaria e histórica del Nuevo Testamento. Más adelante entraremos en una discusión sobre la formación de los evangelios, las cartas de Pablo, las epístolas católicas o universales y el Apocalipsis. Al final incluiremos un capítulo sobre la literatura gnóstica y otra literatura que no entró al canon. Daremos ejemplos de algunas posiciones teológicas de estos libros para ilustrar cuáles fueron las razones que llevaron a quienes formaron el canon a rechazar esta otra literatura que también se les atribuyó a los apóstoles.

La palabra «canon» significa literalmente una vara de medir. Por ello se ha usado como metáfora para conferir el sentido de regla, modelo, patrón. De ahí la idea de medida o regla para la fe y la vida. El primero en usar el concepto de «canon» para los libros de la Biblia fue Atanasio en su Carta Pastoral en el año 367 d.C. Allí ya se refería a la lista de libros sagrados para los cristianos—y su lista de libros del Nuevo Testamento concordaba exactamente con la nuestra. Cuando la usamos para el Nuevo Testamento nos referimos a la lista de libros adoptados por la iglesia a través de los siglos que sirven de regla de fe y revelación básica. En el caso de la Biblia, el canon se refiere a los libros reconocidos por la Iglesia como medida para la revelación, la fe y la conducta cristianas. Tomás de Aquino declara que «sólo la escritura canónica es la regla de fe». Entre los protestantes reformados, la Confesión de Westminster señala que los libros canónicos «son proporcionados por la inspiración de Dios para ser la regla de fe y conducta».

Conviene aclarar también el concepto de «testamento». La palabra testamento se refiere a la última voluntad de una persona en su lecho de muerte. Desde ese punto de vista, la Iglesia ha interpretado la Biblia bajo el concepto de testamento como un lugar donde se discierne la voluntad de Dios. Pero la palabra testamento (de *testamentum* en latín), cuando se le usa en frases tales como «el Nuevo Testamento», es una traducción del griego *diatheke*. El concepto *diatheke* se refiere al pacto que hacen un superior y un subordinado. Proviene del lenguaje político de los pactos entre imperios y colonias. La idea es que Dios ha pactado con el ser humano, y el testamento señala las reglas del pacto. La fórmula del pacto en las tradiciones bíblicas señala que Dios se compromete a ser nuestro Dios. La audiencia del pacto se compromete a ser pueblo de Dios (Ex 24.4–8).

El uso del concepto de pacto para aludir a partes de la escritura comenzó con Pablo, quien llamó al evangelio predicado a los gentiles «nuevo pacto» (2 Co 3.6). Esto lo hizo en contraste con la predicación de quienes insistían en la obligación de los gentiles de observar la Ley de Moisés, con sus rituales y sistema de pureza. El autor de Hebreos presenta el mensaje del evangelio, en contraste con la tradición de la Ley, como un nuevo pacto. De este tipo de pasajes es que se sacó la idea de que los escritos canónicos cristianos constituían el Nuevo Testamento, mientras que a las tradiciones de Israel se les reconocía como Antiguo Testamento (He 8.13). Este contraste entre los dos testamentos es una forma en que los cristianos hemos mantenido continuidad con las tradiciones del antiguo Israel, pero teniendo autonomía para definir nuestra propia identidad más allá de las tradiciones de la Biblia hebrea. No obstante, no fue hasta el año 192 d.C. que un obispo frigio montanista de nombre Avircio Marcelino, llamó a la colección de escritos cristianos «nuevo testamento».

Hay varias metáforas que usamos para describir la autoridad sagrada del Nuevo Testamento. Por ejemplo, decimos que estos libros fueron «inspirados». En II de Timoteo se expresa esta idea sobre las Escrituras de Israel que luego hemos extendido al Nuevo Testamento: «Toda la Escritura es *inspirada* por Dios y útil para enseñar, para redargüir, para corregir, para instruir en justicia, a fin de que el hombre de Dios sea perfecto, enteramente preparado para toda buena obra» (2 Ti 3.16). La idea detrás de esta palabra es que estos libros son cónsonos con la presencia del Espíritu divino en su revelación al ser humano. Note que no decimos que estos libros fueron «dictados», sino que fueron «inspirados». Con esto aceptamos la total participación humana de los escritores y de las comunidades tras estos libros. Pero a su vez, al señalarlos como inspirados queremos decir que en estos escritos percibimos la presencia de la palabra de Dios. Para estirar la metáfora diríamos que los escritos del Nuevo Testamento son completamente humanos. Son escritos en griego. Sufren todos los accidentes de la gramática y la sintaxis del griego coiné. Pero también decimos que son palabra de Dios en el sentido de que señalan la voluntad divina para el pueblo de Dios. Esta saludable tensión entre la naturaleza humana de los libros del Nuevo Testamento y la palabra de Dios nos invitan a escuchar con temor reverente las palabras de estos libros, pero a su vez nos obliga a acercarnos críticamente a ellos, porque antes que fueran palabra de Dios son palabra humana. La naturaleza humana de estos libros nos permite entender sus límites. Como palabra humana participan de todos los límites de su contexto sociológico y cultural. De ahí que la prudencia nos invite a leerlos con algunos criterios para poder discernir entre la paja y el grano.

Una de las bellezas del texto bíblico es que no tiene una sola opinión sobre la mayor parte de los asuntos. Así, los discípulos de Pablo mandan a callar a las mujeres (1 Ti 2.9), pero el Cuarto Evangelio constantemente presenta a las mujeres hablando con autoridad (Jn 4, 11, 20). Pablo habla de la justicia que es aparte de la observancia de la ley (Ro 3.21–28); pero el libro de Santiago señala que la verdadera justificación procede de observancia de la Ley (Stg 2.18–23). El sermón de Jesús en Mateo es un monte (Mt 5.1), mientras que en Lucas un sermón similar se presenta el llano (Lc 6.17). Cualquier lector que lea los evangelios en paralelo, esto es, uno al lado del otro, encontrará cientos de diferencias entre los evangelistas. Esta contrariedad de contenido y detalles es un discurso sobre la libertad de la conciencia. El canon del Nuevo Testamento no es una dictadura donde sólo hay una opinión sobre cada cosa. El canon se convierte en un manifiesto de libertad donde la palabra sagrada nos invita al discernimiento y a la tolerancia de las opiniones diversas y opuestas a las nuestras. Obviamente esta contrariedad de opiniones en el canon obliga a los lectores a discernir los espíritus. Ya san Pablo había enseñado que un texto bíblico podía ser letra que mata (2 Co 3.4). Un pasaje bíblico que le hace daño a cualquier persona tiene que ser juzgado de cara al evangelio de Jesucristo. Lutero era de la opinión que la palabra de Dios era lo que reproduce (en alemán: «treiben», esto es, avalar, arrojar, reproducir) nuevamente a Cristo. Sólo las palabras que muestran la misericordia, justicia y gracia de Jesucristo tienen prioridad.

El orden del canon bíblico señala la intención de los padres y madres del canon. Este orden en que se han presentado los libros del Nuevo Testamento no es ingenuo: primero Jesús, Pablo después, y finalmente las epístolas católicas y Apocalipsis. Quienes formaron el canon querían que la palabra y testimonio de Jesús tuvieran una importancia fundamental. Cuando Pablo tuviera alguna opinión contra Jesús, entonces la palabra de Jesucristo tendría prioridad. Lo mismo podemos decir de las epístolas católicas versus el evangelio. La palabra de los evangelios tiene prioridad respecto a las enseñanzas de cualquier apóstol. El orden de prioridad es cónsono con las cuatro partes del Nuevo Testamento. Primero en orden de prioridad están los evangelios, luego el corpus paulino y luego el resto de las epístolas católicas. El Apocalipsis viene al final por varias razones. Primero, fue un libro cuyo lugar en el canon se estuvo discutiendo hasta tardíamente en el cuarto siglo. Una segunda razón para poner

Apocalipsis al final es literaria. Apocalipsis termina en el nuevo cielo y en la nueva tierra. Al poner Apocalipsis al final de toda la Biblia, el texto bíblico comenzaba con la creación y terminaba con la nueva creación. La Biblia comenzaba con la tragedia humana y terminaba en la redención definitiva.

El propósito del proceso canónico fue dar una autoridad a estos textos sin que mediara criterios éticos. Los estudiosos del proceso de lectura e interpretación nos han hecho conscientes de que ese proceso es medular a la producción de significado del texto bíblico. Cada lector comprende el texto con sus lentes interpretativos. Esto es cierto, ya sea que el texto se involucre con el lector para cobrar un nuevo significado, que tenga unos huecos donde el lector proyecte sus valores, o que sea de naturaleza polivalente. Si nos acercamos al texto con los valores éticos implícitos en el proceso canónico, podemos revivir la intención de dar una palabra de Dios al pueblo de Dios. Una lectura e interpretación que no parta de la premisa de la justicia e integridad humana puede convertir el canon en un texto de terror. De ahí que los asuntos de la justicia, los derechos humanos, la creación de una comunidad de iguales, el respeto a la pluralidad de experiencias humanas y otros valores similares son las mejores guías para que el texto canónico funcione como palabra de vida. San Agustín era de la opinión que un texto vivo era mejor que mil textos muertos. Los pasajes bíblicos en última instancia tendrán autoridad en la medida en que cada lector y cada comunidad creyente hagan una lectura ética del canon. Se aplica aquí aquel dicho del evangelio: «por sus frutos los conocerán» (Mt 7.20). Los frutos en la vida, la familia, la sociedad y la creación señalarán la autoridad o falta de autoridad de cualquier lectura del texto bíblico.

El canon del Nuevo Testamento se produjo poco a poco entre mediados del segundo siglo y finales del cuarto. En esos 250 años, se fueron articulando distintas razones para aceptar o rechazar textos. ¿Cuáles fueron esas razones que se esgrimieron en la construcción del canon?

Uno de los criterios básicos que se utilizó para reconocer los libros del Nuevo Testamento fue su catolicidad. La palabra «católico» tiene el sentido de que es conforme a la totalidad. El término mismo proviene del griego «kathos jolos» que literalmente significa lo que es conforme a todos. El concepto «católico» entonces es una metáfora. Implica que un texto tendría reconocimiento canónico sólo si fuera usado por gran parte de los cristianos en este periodo. Esto apunta a un detalle medular: fue su uso en el culto, la predicación y la enseñanza lo que catapultó estos libros al reconocimiento de que debían ser parte del canon. Si un libro era muy famoso en las iglesias de Siria, como es el caso de la Diatesarón, primera armonía de los cuatro evangelios, pero más nadie lo utilizaba en Egipto, Asia Menor o Roma, entonces no podía ser reconocido como parte del canon.

El concepto de lo «católico» está implícito hasta en la forma en que están organizados los libros del Nuevo Testamento. Una forma de significar la catolicidad era usando un número que implicara plenitud. Uno de los números que marcaban una estructura completa era el número siete. Es interesante que las cartas atribuidas a Pablo sean a siete iglesias (Corinto, Tesalónica, Éfeso, Colosas, Roma, Filipos, Galacia). Las epístolas católicas también son siete (3 de Juan, 2 de Pedro, Santiago y Judas). Y el Apocalipsis ha sido enviado a siete iglesias (Ap 1.11). El uso del siete como estructura de estos tres cuerpos literarios apunta a su catolicidad.

Este concepto de catolicidad es lo que se alude en la regla vicentina del siglo V para indicar que sólo ha de aceptarse como artículo de fe «lo que han creído en todas partes, siempre y por todos» (Vicente de Lerins, *Commonitorum*, 2.3). Como veremos, estos criterios para aceptar o rechazar algún libro no estuvieron exentos de problemas. Algunas de las epístolas universales, Hebreos y Apocalipsis tuvieron problemas para entrar al canon a base del criterio de catolicidad. En el caso de Hebreos, las iglesias de Occidente lo rechazaron hasta el cuarto siglo. La razón que movía a las iglesias de occidente era que no se podía evidenciar que Hebreos fuera un documento paulino.

Otro criterio, el de apostolicidad, sirvió para cuestionar a Hebreos. A finales del cuarto siglo, Hebreos fue aceptado en Occidente. A principios del quinto siglo, san Agustín declaraba que el «prestigio de las iglesias orientales» (*Epístola*, 129.3) le persuadía a aceptar en el canon a Hebreos.

Lo mismo sucedió con el libro de Apocalipsis en Oriente. La iglesia oriental cuestionó la apostolicidad del Apocalipsis debido a las grandes diferencias de sintaxis, estilo y contenido entre el Apocalipsis y los demás escritos juaninos. Eusebio de Cesarea, en el cuarto siglo, todavía creía que el Apocalipsis era una obra espuria: «Entre los libros espurios deben reconocerse... el Apocalipsis de Juan, si parece bien. Porque como dije, algunos lo rechazan, mientras que otros lo cuentan entre los libros reconocidos» (*Historia eclesiástica* 3.25). En estos casos se usaron otros criterios para admitir estos libros.

En el siglo cuarto Eusebio de Cesarea señala todavía que hay algunos libros discutibles. Con esto quiere decir que hay dudas sobre si deben pertenecer o no al canon. Entre ellos están «la supuesta Epístola de Santiago, y la de Judas, la segunda Epístola de Pedro y las supuestas segunda y tercera de Juan, tanto si son del evangelista como si pertenecen a otra persona con el mismo nombre» (*Historia eclesiástica* 3.25).

Luego, la apostolicidad de los documentos fue un segundo criterio en la formación del canon. Este criterio trataba de relacionar los libros con algún apóstol o con sus discípulos. Esto es importante, porque en la discusión sobre el canon en los siglos segundo y tercero los nombres de los autores de los Evangelios fueron objeto de discusión. Esto implica que el criterio de apostolicidad se trajo a colación para dar autoridad a los documentos. El criterio de apostolicidad, sin embargo, fue problematizado desde el mismo comienzo. El que los libros de los heterodoxos reclamasen la autoridad de personajes tales como María Magdalena, Felipe, Pablo y Pedro ya creaba un problema con este criterio. Los heterodoxos, al igual que la iglesia hegemónica, alegaban que sus obras eran apostólicas.

Otro elemento que ha problematizado el criterio de apostolicidad en tiempos más recientes es el reconocimiento de libros adjudicados ficticiamente a los apóstoles. Los estudios históricos y críticos del Nuevo Testamento han señalado que los nombres adjudicados a los evangelios en la tradición de la iglesia no son corroborables con evidencia interna. La discusión entre Marción y la iglesia de su tiempo nos deja ver que pronto en el segundo siglo se les añadieron nombres de figuras relacionadas con Jesús a las tradiciones de Jesús. Tertuliano dice que «Marción...no adscribe autor a este Evangelio [Lucas]» y que según él estaba «falsificado en cuanto a su título» (*Contra Marción* 4.3.5). Esto es un punto importante, porque señala que en los siglos segundo y tercero los nombres de los autores de los evangelios fueron objeto de discusión. Esto implica que se estaba articulando un criterio para ser parte del Nuevo Testamento: la apostolicidad.

Otro ejemplo del uso tradicional de un nombre apostólico que no se puede corroborar es el caso de la autoridad de Mateo. Como veremos más adelante, los estudios comparativos de los evangelios muestran que Mateo depende en buena medida de Marcos. Esto implica que Mateo no fue testigo visual de lo que narra. La tradición afirma que ese otro evangelio fue escrito por un discípulo de Pedro, Marcos—pero eso tampoco se puede probar. El problema consiste en que tanto nuestros evangelios canónicos como los evangelios que no entraron al canon utilizaron la apostolicidad como criterio ideológico para reclamar autoridad.

De todos modos, las comunidades de fe en torno a los cristianos más antiguos colocaron el nombre de estas figuras sobre los textos que eventualmente estuvieron en la discusión canónica. Nótese que nuestros cuatro evangelios no dicen que fueron escritos por Marcos, Mateo, Lucas o Juan, sino que son «según...» (en griego, «*kata*...»). Estos títulos añadidos en el proceso canónico implican que el criterio de apostolicidad tenía importancia. Claro está que la apostolicidad por un lado implica que es el testimonio de un testigo ocular o discípulo de un testigo ocular; pero por otra parte implica que es el testimonio coherente con las figuras apostólicas de la antigüedad. Nuestros evangelios cumplen con el criterio de apostolicidad de otra forma. En la medida en que esas historias que están detrás de los evangelios provienen de las primeras generaciones de los discípulos de Jesús, aunque no sepamos los nombres de esos discípulos, los evangelios son documentos apostólicos.

En todo caso, desde fecha relativamente temprana el criterio de apostolicidad entró en crisis con la multiplicación de documentos a nombre de los apóstoles —varios de los cuales se discutirán hacia el final de este libro. Esto requirió otros principios para legitimar la autoridad de los documentos que entraron al canon.

Un tercer criterio fue el de la ortodoxia, es decir, de contenido e ideología: la correcta doctrina. Ya en los escritos del Nuevo Testamento se alerta sobre la existencia de enseñanzas inaceptables para las comunidades de fe. La discusión entre Pablo y los judeocristianos, a veces llamados «judaizantes», no es otra cosa que un intento de poner unos marcadores de identidad sobre lo que es o no es cristiano. Esta discusión dio inicio a todo un proceso en que se fue definiendo la identidad y enseñanza que distinguía a los cristianos ortodoxos de los cristianos heterodoxos. La discusión sobre la identidad cristiana es tal que Pablo tiene que señalarles a los gálatas que la atribución milagrosa no es un criterio de verdad: «Pero si aun nosotros, o un ángel del cielo, os anuncia un evangelio diferente del que os hemos anunciado, sea anatema. Como antes hemos dicho, también ahora lo repito: Si alguien os predica un evangelio diferente del que habéis recibido, sea anatema» (Gl 1.8–9). Obviamente había gran pasión en las palabras del Apóstol. A la distancia es fácil proponer un tono más tolerante. No obstante, lo que se estaba discutiendo entre Pablo y sus adversarios era si el cristianismo dependía del judaísmo y sus prácticas para la salvación de los gentiles o si Cristo era suficiente. I de Corintios nos presenta otro ejemplo de cómo este criterio de contenido teológico se fue tejiendo en la vida y conflictos en las iglesias. En la discusión de Pablo con los corintios sobre cómo discernir una experiencia auténtica del Espíritu de Dios (1 Co 12–14) está claro que el Apóstol quiere presentar criterios para poder distinguir entre una experiencia con el Espíritu que es auténtica y otra que no lo es. En I de Juan encontramos una discusión similar frente a un grupo de la comunidad que rompió con ella por razones ideológicas (1 Jn 2.19). Allí se advierte sobre maestros que pretenden hablar bajo la autoridad del Espíritu pero que enseñan a un Jesús distinto al que es aceptable para la ortodoxia: «Amados, no creáis a todo espíritu, sino probad los espíritus si son de Dios, porque muchos falsos profetas han salido por el mundo. En esto conoced el Espíritu de Dios: todo espíritu que confiesa que Jesucristo ha *venido en carne*, es de Dios; y todo espíritu que no confiesa que Jesucristo ha venido en carne, no es de Dios; y este es el espíritu del Anticristo, el cual vosotros habéis oído que viene, y que ahora ya está en el mundo» (1 Jn 4.1–3, bastardillas mías). Nótese que el criterio de qué Cristo se predica es medular para la fe. Los opositores de la comunidad juanina están predicando un Jesús que no ha venido en la carne. Lo más seguro es que estos adversarios de la comunidad juanina sean los precursores de lo que conocemos como docetismo. El docetismo sostenía que la corporalidad de Jesús era sólo en apariencia. Como veremos en el capítulo sobre los evangelios gnósticos, la literatura gnóstica tenía una buena dosis de esta enseñanza de un Cristo que no había venido en la carne. Los padres y madres del segundo siglo encararon este tipo de enseñanza. San Ignacio, un mártir cristiano de principios del segundo siglo, se enfrenta a la enseñanza de los docetas en su carta a la iglesia de Esmirna. Los adversarios de Ignacio sostienen que Cristo «sólo sufrió en apariencia» (2.1). Ignacio hace ironía de la teología de los docetas al señalar: «¡Ellos sí que son la pura apariencia! Y, según como piensan, así les sucederá, que se queden en entes incorpóreos y fantasmales» (2.1). El problema con el docetismo no fue sólo su imaginario en cuanto a la encarnación de Jesús, sino la secuela ética de su comprensión de la fe. San Ignacio señala cuán secundario es el amor en sus comunidades: «La prueba de que nada se les da por la caridad; no les importan la viuda y el huérfano, no se les da nada del atribulado, ni se preocupan de quien esté encadenado o suelto, hambriento o sediento» (4.2). Si Cristo no es humano realmente, sino sólo en apariencia, entonces los asuntos de la pobreza, el cuerpo y la enfermedad no son importantes. Entonces era cuestión de adquirir un conocimiento mítico que nos ayudara a salir lo más pronto posible de los límites de la vida humana en el mundo. Gracias a Dios, la Iglesia optó por una imagen completamente humana de Cristo que hace obligatoria la atención a la justicia y la necesidad del ser humano. Si Cristo es humano, entonces todo lo humano es sagrado. Si lo humano es sagrado, entonces la acción cristiana tiene que ser de solidaridad y compasión hacia el ser humano concreto.

En el *Comentario Bíblico Internacional* se señala que una medida de ortodoxia en el segundo siglo fue lo «cruciforme». El criterio de lo cruciforme se construyó de cara a la negación de la encarnación de Jesucristo por los docetas y los gnósticos. Ambos grupos veían a Jesús tan divino que creían que era imposible que fuera un ser humano. De ahí que alegaran que sólo en apariencia era humano. La iglesia del segundo siglo propuso la cruz como criterio teológico fundamental. Todo evangelio que negara la cruz, que hiciera silencio sobre ella, o que la presentara doradamente, debía ser descartado. En el capítulo sobre los libros que no entraron al Nuevo Testamento veremos ejemplos específicos de esa negación de la cruz por esos otros libros que no entraron al canon. Estos alegaban ser obras de los apóstoles; pero la iglesia les puso la cruz como criterio de veracidad. Sólo las tradiciones que ponían un acento claro en la cruz, con todo su peso, entraron en el canon.

En los primeros siglos de la era cristiana se fue tejiendo un entendido sobre la doctrina considerada correcta por las iglesias que eventualmente dominaron el proceso. Esa doctrina correcta fue conocida como «ortodoxia». El canon del Nuevo Testamento articuló una visión de hasta dónde se podía estirar la identidad cristiana. Los textos canónicos eran aquellos que eran coherentes con la doctrina esencial aceptable para la iglesia mayoritaria. Esta doctrina esencial la vemos también en el Credo de los Apóstoles, que ya se está comenzando a articular en el segundo siglo. Este criterio sobre la identidad del entendimiento cristiano correcto fue una señal para permitir que un libro entrara al canon o fuera excluido del mismo. No era cuestión de un acuerdo absoluto en todos los puntos, como vemos por la gran diversidad de opiniones en el Nuevo Testamento. Era un mínimo aceptable. El mínimo aceptable incluía la encarnación verdadera, la crucifixión y muerte de Jesús, y desde luego se resurrección. El Nuevo Testamento que poseemos hoy representa estas diversas posiciones teológicas que afirmaban la ortodoxia. En todo lo demás, el Nuevo Testamento era muy flexible. Presentaba una ortodoxia diversa, pero con identidad. Este es el principio que Pablo articuló tan claramente de cara al entusiasmo de los corintios: «*La palabra de la cruz* es locura a los que se pierden; pero a los que se salvan, esto es, a nosotros, es poder de Dios» (1 Co 1.18). Lo que no tuvo cabida en estos primeros siglos fue la negación de la encarnación, el entendimiento de la salvación como un conocimiento esotérico y la falta de sobriedad. Veremos en el capítulo sobre los documentos que no entraron al Nuevo Testamento ejemplos que nos aclararán mejor las virtudes y límites de nuestro canon. El criterio de ortodoxia le ayudaba a la iglesia a discernir qué discursos eran coherentes con la revelación. En este sentido, el canon servía y sigue sirviendo como regulación de la fe.

El Nuevo Testamento en su contexto literario

Capítulo 9

L os géneros literarios de una obra nos ayudan a entender su estructura. Un género literario nos permite comprender qué va con qué. Además, el reconocimiento de las señales de un género literario nos informa cuál debe ser nuestra actitud ante un discurso dado. Además, los géneros literarios nos permiten ver las partes de una obra antes que estuviera en su etapa final. Con esto queremos decir que los géneros literarios nos ayudan a ver lo que los cristianos originarios predicaban y creían antes de que se formaran los libros mismos. Esto es así especialmente en los subgéneros que componen los libros que tenemos en nuestro Nuevo Testamento. Esos subgéneros apuntan a una etapa previa al texto final. Esa etapa nos permite un atisbo de la fe de los cristianos originarios en la etapa preliteraria.

El Nuevo Testamento es literatura. Como tejido textual, hay todo un entramado de palabras, oraciones, discursos que requieren nuestra comprensión. Uno de los caminos para comprender cualquier texto es el reconocimiento de sus géneros literarios.

Podemos clasificar los libros del Nuevo Testamento en géneros literarios. Una clasificación de los textos del Nuevo Testamento en géneros literarios nos presentaría cuatro biografías de la antigüedad (los evangelios), una historia de la antigüedad (Hechos), un grupo de cartas, otros documentos cuyo género literario es híbrido y por lo tanto difícil de adjudicar (Hebreos, I de Juan). El Nuevo Testamento concluye con un documento apocalíptico que comparte la forma de una carta pero que define su experiencia como profética (Ap 22.7).

Una «biografía antigua» es el término literario que se ha usado para describir los evangelios en cuanto a su contexto literario. Una biografía antigua es la historia de un personaje notorio de la antigüedad, sea un rey, un general, un filósofo o un profeta. Polibio, un historiador griego del segundo siglo a.C., describe una biografía como «la formación y los ideales» (*Hist. X. 24*) del personaje narrado. A través de anécdotas, dichos y acontecimientos en la vida del personaje principal se trataba de iluminar su esencia y su significado para los lectores. En la Vida de Alejandro, Plutarco señala que una biografía se refiere a «las empresas famosas» (*Vita Alex. 1*) del personaje. Las biografías podían incluir desde el nacimiento hasta la muerte o desde la adultez, o quizás un período importante de la vida del personaje notorio. Lo distintivo del personaje se caracterizaba por sus dichos y hechos. Plutarco presenta una lista de recursos literarios para narrar una biografía: «una anécdota, una frase, una broma» (*Vita Alex. 1*). Las biografías de la antigüedad no presentaban un desarrollo de la personalidad del sujeto. Intentaban afectar la conducta y opinión de los lectores. Para Polibio una biografía tiene el propósito de servir de modelo para la conducta de los receptores del discurso: «tiene una utilidad más preclara: ...se puede emular e imitar [el personaje biográfico]» (*Hist. X. 24*). Filón de Alejandría, en su biografía sobre Moisés, dice que su propósito es «narrar la vida de Moisés... y hacer que conozcan su historia aquellos que merecen no ignorarla» (*De Vita Mosis, I*). Luciano, un escritor griego del segundo siglo a.C., señala que el propósito de la biografía era «para que él [Demonacte] permanezca en el recuerdo de los hombres cultos..., y para que los jóvenes... que se entregan a la filosofía... puedan tomar también un modelo... e imitar a aquel hombre...» (*Demonacte*).

Las biografías tenían variadas funciones sociales. Una biografía podía tener el propósito de servir de propaganda usando la vida de un personaje notorio. Otro propósito puede ser defender al personaje de ser mal entendido por sus seguidores o por extraños. Otras biografías tenían el propósito de desacreditar al sujeto. Una función didáctica era mostrar dónde continuaba la tradición de un maestro en la actualidad. Una biografía también podía servir para dar una clave interpretativa de las enseñanzas del personaje. También podía ser el caso que la biografía legitimara la enseñanza del personaje a través de la narración de su vida. El evangelio de Juan presenta su motivación para escribir esta historia en las últimas palabras antes del epílogo juanino: «Pero estas se han escrito para que creáis que Jesús es el Cristo, el Hijo de Dios, y para que, creyendo, tengáis vida en su nombre» (Jn 20.31).

Los evangelios están constituidos internamente por pasajes que las ciencias bíblicas han catalogado en géneros literarios más específicos. Los géneros literarios principales son las historias de milagro, las historias de pronunciamiento, los dichos de sabiduría, las parábolas, los dichos proféticos, los diálogos, las leyendas y otros subgéneros literarios. Estos géneros son las piezas básicas del collar literario que es la obra final. Antes de la obra final lo que existían eran estos dichos, anécdotas, historias en la boca de los maestros y predicadores de los cristianos más antiguos. Paralelamente al ministerio de Pablo, otros cristianos que habían conocido a Jesús y a sus discípulos más próximos contaron historias de milagros, parábolas, dichos proféticos, la historia de la pasión y otros géneros que eventualmente fueron editados en una obra final, los evangelios.

El segundo cuerpo de documentos del Nuevo Testamento son las cartas. Las cartas son el género literario más ampliamente representado en los libros del Nuevo Testamento. De 27 libros que componen el Nuevo Testamento, 21 son cartas o discursos que parecen cartas. Trece de estos veintiún documentos se le adjudican a Pablo o a sus discípulos. Las cartas son un género literario tan flexible que aun el libro de Apocalipsis usa el formato epistolar para comunicar la revelación celestial a la comunidad. Una carta permite que continúe un diálogo entre dos partes, aunque esté ausente la una de la otra. Las cartas de la antigüedad comparten una estructura típica de introducción, cuerpo y conclusión.

Las cartas del Nuevo Testamento nos permiten inferir los problemas, necesidades y conflictos en esas comunidades de mediados del siglo primero y principios del segundo. Las cartas funcionan como una palabra de Dios a los dilemas de aquellas congregaciones; y a la distancia, a nuestros problemas en nuestro contexto.

Una mirada interna a las cartas nos permite encontrar citas, alusiones, himnos (Flp 2.5–9), dichos proféticos (1 Ts 4.13–18), confesiones de fe (Ro 1.2). Estos elementos nos remiten al período preliterario de la carta, a la fe de las comunidades más antiguas.

El tercer tipo de literatura que conforma el Nuevo Testamento es al apocalíptico. Uno de los mejores exponentes de la literatura apocalíptica,

John Collins ha descrito un apocalipsis como «un género de literatura revelatoria con un marco narrativo en el cual una revelación es mediada por un ser ultramundano a un receptor humano, mostrando una realidad trascendente que es tanto temporal en tanto que percibe una salvación escatológica y espacial en tanto y en cuanto involucra otro mundo sobrenatural». El libro de Apocalipsis narra una experiencia visionaria. El vidente narró esta experiencia con una gran cantidad de ecos de los libros proféticos canónicos, de la literatura apocalíptica no canónica y de experiencias de la cultura en Asia Menor y de los judaísmos contemporáneos.

El libro de Hechos es muy posiblemente una historia de la antigüedad. Una historia de la antigüedad es un relato del pasado, con una explicación inteligible y concatenada de los eventos que han definido el perfil del relato. Hechos concatena toda una serie de relatos que explican cómo el Espíritu Santo ha dirigido la misión de la iglesia desde Jerusalén hasta los confines del mundo (Hch 1.8). Por el libro de Hechos conocemos las historias de la misión de la iglesia alrededor de Pedro, Santiago, los helenistas, y Pablo. Estas historias han sido hilvanadas por el autor en un solo relato. Aunque Lucas le ha puesto su huella a sus materiales de manera que es bien difícil separar la tradición del texto final, se nota que la obra final es un arreglo teológico que combina las posturas de distintos grupos entre los cristianos originarios. Se nota la tensión entre grupos cristianos más rigoristas en cuanto a la cultura judía (Santiago), otros en transición (Pedro), y otros críticos de la cultura judía como imprescindible para la identidad cristiana (Esteban). El logro de Hechos es armonizar estos tipos de cristianismos divergentes bajo un acuerdo (Hch 15).

Algunos documentos del Nuevo Testamento no encuadran con este tipo de descripción literaria. El libro de Hebreos comienza como un discurso y termina como una carta. I de Juan no tiene formato de carta. Santiago comienza como una carta pero no tiene una conclusión epistolar. Estos documentos combinan varios géneros literarios, lo que impide clasificarlos bajo una rúbrica. En todo caso, una lectura cuidadosa del Nuevo Testamento, tomando en consideración sus géneros literarios y cómo se entrelazan, nos permite inferir los grandes dilemas que hay detrás de estos discursos del cristianismo primitivo.

El Nuevo Testamento en su trasfondo histórico

Capítulo 10

Otra forma de acercarnos al Nuevo Testamento es desde la perspectiva del trasfondo histórico tras los eventos que se narran. Esto puede hacerse brevemente a través de una tabla gráfica que nos permita localizar en su contexto histórico los acontecimientos más importantes relacionados al Nuevo Testamento. En el cronograma a continuación presentamos un marco para comprender la formación del Nuevo Testamento en su trasfondo histórico. El cronograma está dividido en varias columnas, dos de las cuales presentan la postura tradicional y su contraparte, la postura crítica. Presentamos estas dos posiciones de manera que cada lector pueda hacer su propia evaluación. Veamos:

Década	Trasfondo histórico	Posición tradicional	Posición crítica
65 a.C.	Pompeyo interviene en guerra civil en Palestina. Nombra a Antipatro, padre de Herodes el Grande, a cargo de las milicias y a Hircano II como sumo sacerdote.		
31 a.C.	Augusto César vence a Marco Antonio y Cleopatra en Accio. Comienza el principado.		
27 a.C.	Herodes es confirmado como monarca de Palestina por el Senado romano.		
22 a.C.	Herodes comienza la reconstrucción del templo.		

6 a.C.
 	
4 a.C.
	Nace Jesús de Nazaret.
	Muerte de Herodes el grande.
	Antipas es nombrado en
	  Galilea (4–37).
	Arquelao es nombrado en
	  Judea (4–6).
	Filipo es nombrado en
	  Panias (4–34).		

6–20	Arquelao es depuesto 6 d.C.
	Roma pone un gobernador
	  militar en Judea.
	Copino, primer gobernador
	  romano en Judea
	  (6–10 d.C.)
	Antipas reconstruye capital de
	  Galilea, Séforis (ca. 10 d.C.).
	Tiberio es nombrado
	  emperador (14 d.C.).
	Antipas construye nueva
	  capital de Galilea, Tiberias,
	  en honor al emperador		

20–30	Pilatos es nombrado
	  gobernador de Judea
	  (26–36 d.C.).
	Juan el Bautista es ejecutado
	  (27 d.C.) por Antipas.
	Jesús es ejecutado (28 d.C.)
	  bajo gobierno de Pilatos.		

30–50	Pablo es llamado (30 d.C.).
	Movimiento de Jesús en
	  Palestina
	Calígula es nombrado
	  emperador (37–41).
	Antipas es depuesto 37 d.C.
	Agripa I Rey de Palestina
	  (37–44)
	Calígula ordena poner imagen
	  suya en el templo (41. d.C.).
	Claudio emperador (41–54)
	Período de los procuradores
	  romanos en Palestina
	  (44–66 d.C.)
	Misión paulina con gentiles
	Expulsión judeocristianos de
	  Roma (49 d.C.) por Claudio
		Tradiciones orales
		sobre Jesús
			Tradiciones orales
			sobre Jesús
			—Historias de
			  milagro
			—Historia de
			  la pasión
			—Dichos
			  sapienciales
			  de Jesús
			—Dichos
			  proféticos
			—Historias de
			  pronunciamiento
			—Leyendas
			—Parábolas

50–60	Nerón emperador (54–68)	Cartas de Pablo Santiago (?)	Cartas auténticas de Pablo
60–70	Santiago es ejecutado en Jerusalén (62 d.C.) Pablo y Pedro son ejecutados en Roma (67 d.C.) Suicidio de Nerón (68 d.C) Tres emperadores en un año (Oto, Galba y Vitelio) Guerra judía-romana (68 al 73 d.C.) Vespaciano emperador (68-79)	Ca Cartas desde la prisión Efesios, Filipenses, Filemón Cartas Pastorales Evangelio de Marcos Evangelio de Mateo Lucas-Hechos Cartas de Pedro Hebreos Judas	
70–80	Tito toma a Jerusalén Jerusalén es destruida (70 d.C) Tito toma a Masada (73. d.C.), última fortaleza judía de la guerra contra Roma Tito emperador (79-81)		Evangelio de Marcos Colosenses II de Tesalonicenses Q es publicado en griego
80–90	Domiciano es nombrado emperador (81–96 d.C.) Conflictos sobre identidad entre fariseos y judeocristianos		Hebreos Efesios Mateo Lucas Santiago
90–100	Expulsión de judeocristianos de la sinagoga (Jn 9.22) Domiciano es ejecutado (96 d.C.) Nerva emperador (96–98)	Evangelio de Juan Cartas juaninas Apocalipsis	Judas Evangelio de Juan Apocalipsis I de Pedro Hechos
100–120	Trajano es nombrado emperador (98–117)		Cartas Pastorales Cartas juaninas II de Pedro

De este cronograma podemos inferir que el Nuevo Testamento se enmarca bajo la sombra del período del principado romano. En este período hubo un emperador que gobernaba en Roma y sobre un imperio que incluía a Palestina. Varios ejemplos bastan para percibir la intervención romana en Palestina. En el año 65 a.C. un general romano,

Pompeyo, intervino en la guerra civil entre los sucesores de la reina Alejandra y nombró a un idumeo, Antípatro —el padre de Herodes el Grande—, regente militar de Palestina y a Hircano II sumo sacerdote. Con esta intervención acabó para todos los efectos la teocracia macabea, en la que un sacerdote era también rey en Palestina. En el año 31 a.C. Herodes el Grande fue confirmado rey súbdito de Roma por Augusto. Ya en el año 6 d.C. un gobernador romano fue nombrado en Judea. Jesús de Nazaret vivió gran parte de su vida bajo la tetrarquía de Herodes Antipas, uno de los hijos de Herodes el Grande que gobernó como tetrarca súbdito del imperio romano en Galilea. Nótese que el gobierno de Antipas reconstruyó a Séforis como capital de Galilea en el año 10 d.C. y siete años después construyó una nueva capital en honor al nuevo emperador, Tiberio. De ahí que la nueva capital se llamara Tiberias. La construcción y sustento de estas dos ciudades cayeron sobre las espaldas de los campesinos de Galilea (el 90% de la población). Esta explotación del campesinado es el contexto de los ministerios de Juan el Bautista y Jesús. Un lector avisado notará que Jesús fue ejecutado en Judea, donde había un gobernador romano, Pilatos.

Las cartas de Pablo se escriben en la década de los cincuenta, de cara a los problemas y necesidades de sus congregaciones. La misión paulina había comenzado ya en la década de los cuarenta.

El primer evangelio, Marcos, se escribió por el tiempo de la muerte de Pedro y la caída de Jerusalén. Si se acepta que Marcos fue traductor de Pedro, se puede situar su evangelio en el año 68. Si por otra parte se percibe en Mc 12–13 toda una serie de discursos de doble sentido contra el templo que se explican mejor luego de la destrucción del templo, entonces hay que situarlo a principios de la década de los setenta.

El cronograma crítico presenta la destrucción de Jerusalén y la muerte de los cristianos de la primera y segunda generación como un momento vital en la producción de la mayor parte de la literatura que formó el Nuevo Testamento. La destrucción de Jerusalén y la definición del judaísmo en torno a la interpretación de los fariseos explican los conflictos entre los judeocristianos. Eventualmente, los judeocristianos fueron excluidos de la sinagoga como judíos desviados. El judaísmo formativo usó contra ellos el concepto hebreo de *minin*, que es algo así como «hereje» en español. Este conflicto se nota agudamente en Mateo (Mt 23), Juan (9.22; 12.42; 16.1–4) y Apocalipsis (2.9; 3.9). Una mirada al cronograma presenta muchas de los diferencias entre la tradición y la posición crítica. Tales diferencias son asuntos que abordaremos siempre que los estimemos pertinentes al tema bajo discusión.

De la Biblia de los primeros cristianos a la formación del NT

Capítulo 11

La Biblia de los primeros cristianos era la que habían recibido de su herencia judía, la Ley y los Profetas. El evangelio de Mateo alude a las Escrituras de Israel en la regla de oro: «Así que todas las cosas que queráis que los hombres hagan con vosotros, así también haced vosotros con ellos, pues esto es *la Ley y los Profetas*» (Mt 7.12). El autor de Hechos, muy posiblemente un gentil de los que se mencionan en Hechos como «temerosos de Dios» (esto es, gentiles que adoptaron la fe judía sin circuncidarse) también señala a las Escrituras de Israel como su texto canónico: «Después de la lectura de la *Ley y de los Profetas*» (Hch 13.15). En este caso, Lucas nos narra una visita de Pablo a una sinagoga en Antioquía de Pisidia. El discurso de Esteban en Hechos 7 nos muestra que la Biblia de los cristianos originarios era la Ley y los Profetas. Los cristianos originarios podían llamar a esta colección simplemente «Escrituras» (Jn 5.39; Ro 1.2; 2 Ti 3.15; 2 P 3.16), con lo que se referían a las escrituras que el judaísmo había aceptado como palabra sagrada. Cuando en II de Timoteo 3.16-17 se señala que «Toda la *Escritura* es inspirada por Dios y útil para enseñar, para redargüir, para corregir, para instruir en justicia, a fin de que el hombre de Dios sea perfecto, enteramente preparado para toda buena obra», no se está aludiendo a las cartas de Pablo o a los evangelios. Estos todavía no se habían coleccionado. Lo más seguro es que II de Timoteo entienda este «*toda Escritura*» como las escrituras de los judíos que los cristianos habían adoptado. Una mirada al libro de Hebreos nos deja ver que es esencialmente un comentario a los Salmos 2, 8 y 110. Obviamente, el autor de Hebreos incluye los

Salmos, uno de los libros que eran parte de los «Escritos», como parte del texto sagrado.

Los cristianos que escribieron el Nuevo Testamento hacen alusiones a la Biblia hebrea del mundo helenista, la Septuaginta. Una mirada al capítulo uno de Juan nos deja ver que detrás de él hay una reflexión sobre la sabiduría en el libro del Eclesiástico (Sir 24). Una de las enseñanzas de Jesús sobre la oración tiene su origen en el Eclesiástico: «No seas hablador en la reunión de los ancianos, *en tu plegaria no repitas palabras*» (Sir 7.14). Los cristianos originarios estaban influenciados fuertemente por los judíos de la diáspora helenista y por los judíos apocalípticos. En el caso del apocaliptismo, Judas cita explícitamente a I de Enoc. La alusión en Judas dice de la siguiente manera: «De estos también profetizó Enoc, séptimo desde Adán, diciendo: "Vino el Señor con sus santas decenas de millares, para hacer juicio contra todos y dejar convictos a todos los impíos de todas sus obras impías que han hecho impíamente, y de todas las cosas duras que los pecadores impíos han hablado contra él"». (Jud 1.14). Esto es una cita de I de Enoc 1.9 donde dice: «Mirad que Él viene con una multitud de sus santos, para ejecutar el juicio sobre todos y aniquilará a los impíos y castigará a toda carne por todas sus obras impías, las cuales ellos han perversamente cometido y por todas las palabras altaneras y duras que los malvados pecadores han hablado contra Él» (I de Enoc 1.9 versión de Internet).

Pronto los cristianos originarios comenzaron a contar historias de Jesús y a escribir cartas y colecciones de anécdotas y dichos de Jesús. Poco a poco estas historias y documentos escritos de la primera generación de entre los cristianos originarios comenzaron a tener gran autoridad. Eusebio dice que «en cada sucesión y en cada ciudad, la predicación se ajusta a *la Ley, los Profetas y el Señor*» (H.E. 4.22; bastardillas mías). Nótese que se han añadido a las Escrituras de Israel las tradiciones del Señor. Parece que «las tradiciones del Señor» son textos como nuestros evangelios, y florilegios de dichos de Jesús como el Evangelio de Tomás (que no fue incorporado al canon). Aunque no podemos determinar exactamente a qué obras se refiere esta frase, es evidente que las tradiciones sobre Jesús habían cobrado el mismo peso que la Biblia hebrea.

A finales del primer siglo y principios del segundo siglo se reconoce ampliamente la autoridad de las tradiciones acerca de Jesús. Clemente de Roma, en una carta a los corintios (c. 96 d.C.) añade unas palabras de Jesús junto a una serie de citas de la Biblia hebrea: «recordándoles especialmente *las palabras del Señor Jesús*: sed misericordiosos para que obtengáis misericordia» (1 Cl 13.1). Hay otras alusiones a dichos de Jesús en los Padres Apostólicos. En la *Didajé*, un documento de principios del segundo siglo que fue candidato a ser parte del Nuevo Testamento, se alude al Padrenuestro y a los dos caminos de forma similar a la versión del Evangelio de Mateo.

Papías, en la primera mitad del segundo siglo, es el primero en referirse claramente a obras parecidas a nuestros evangelios: «El anciano solía también decir: Marcos llegó a ser el intérprete de Pedro, y escribió de manera exacta, pero no por orden, todo lo que recordaba de las cosas dichas y hechas por el Señor. Porque él no había oído al Señor ni había sido uno de sus seguidores. Pedro solía enseñar según la ocasión lo demandaba, sin dar una disposición sistemática a los dichos del Señor, de modo que Marcos no erró al escribir algunas cosas tal como las recordaba. Porque tenía un propósito dominante: no omitir nada de lo que había oído, y no hacer ninguna declaración falsa» (*Historia eclesiástica*, 3.39). Papías también conocía una colección de dichos de Jesús que le atribuía a Mateo: «Mateo recopiló los dichos de Cristo en lengua hebrea, y cada uno los traducía lo mejor que podía» (*Historia eclesiástica*, 3.39). Obviamente, Papías no se estaba refiriendo a nuestro Evangelio según San Mateo, que es una obra escrita en el mejor griego. Otro detalle a mencionar es que Papías conocía una historia de una mujer pecadora que aparece en otro evangelio llamado de Los Hebreos. Es posible que tengamos una versión de esta historia en los relatos de Lucas 7 o de Juan 8.

Justino Mártir (alrededor del año 160 d.C.) señala en su *Apología*, las tradiciones evangélicas en uso en las iglesias: «Y el día llamado domingo, todos los que viven en ciudades o en el campo se reúnen en un lugar, y se leen *las memorias de los apóstoles* o los escritos de los profetas, tanto como lo permita el tiempo; luego, cuando el lector ha cesado, el presidente instruye verbalmente y exhorta para que se imiten estas cosas buenas» (*Apol.* 1.65). Así se explica el surgimiento de los evangelios: las iglesias necesitaban contar las «memorias de los apóstoles». Con esto se nos presenta el surgimiento del criterio de apostolicidad, pero a su vez se nos presenta la necesidad de poder contar la historia del evangelio. Lo que vemos en el segundo siglo es que, según la generación que conoció a Jesús y a sus discípulos inmediatos fue desapareciendo, se hizo imprescindible para la vida de las iglesias establecer una colección de historias de Jesús que fuera antigua, aceptable para la mayor parte de las iglesias, y que tuviera relación con las generaciones apostólicas. Esto dio paso a la canonización de los evangelios y al surgimiento del Nuevo Testamento.

La formación y fijación del canon del Nuevo Testamento fue un proceso extenso que comenzó a fines del primer siglo, y que esencialmente se extendió hasta bastante avanzado el cuarto. Durante las primeras décadas del cristianismo originario, los dichos y anécdotas de Jesús eran contados por sus discípulos, o por los discípulos de éstos. Estos dichos y anécdotas se contaban en la vida en comunidad, usándolos en celebraciones litúrgicas, actividades de enseñanza, predicación, o defensa del cristianismo, etc. Las ciencias bíblicas postulan que los cristianos originarios coleccionaron series de dichos de Jesús. La fuente común entre Mateo y Lucas, conocida como Q (sobre lo cual volveremos más adelante), parece ser un florilegio de dichos de Jesús que circuló en griego paralelamente al ministerio de Pablo. El Evangelio de Tomás, encontrado en Nag Hammadi, nos muestra un florilegio de 114 dichos atribuidos a Jesús, y de los cuales muchos tienen paralelos en nuestros evangelios.

Estas colecciones de dichos fueron tomadas por los evangelistas, quienes las organizaron en forma de biografías de la antigüedad. Lucas declara que está haciendo uso, o al menos que conoce, materiales escritos por otros (Lc 1.2). A su vez, escritos como el de Lucas liberaron a la iglesia de los caprichos e ilusiones de maestros itinerantes que predicaban toda suerte de enseñanzas sobre Jesús. Frente a tales maestros, la iglesia necesitó hacer una construcción teológica que tuviera mayor coherencia. Ésta es la «ortodoxia», de las palabras griegas *orthos*, que significa recto, y *doxia*, que significa doctrina o enseñanza. Obviamente, esta ortodoxia podía tomar diversas formas, como atestiguan las diferencias entre nuestros cuatro evangelios, así como otras diferencias en el resto del Nuevo Testamento.

De las historias de los primeros cristianos a los evangelios

Capítulo 12

L as parábolas de Jesús fueron narradas como historias de sabiduría por muchos de sus discípulos. Ya parecen asociadas por temas en el evangelio de Lucas. Muy posiblemente estas historias de sabiduría fueron narradas independientemente, tal como se encuentran en el Evangelio de Tomás (sobre el cual volveremos hacia el final de este libro). Antes de los evangelios sinópticos, los dichos de Jesús se organizaron en forma de florilegios. El marco narrativo que encontramos en nuestros evangelios es la aportación narrativa y teológica que los evangelistas añadieron a las tradiciones sobre Jesús de Nazaret.

En el caso de las parábolas en Lucas, éstas se fueron asociando unas con otras por temas. Así, encontramos en Lucas 15 tres parábolas sobre algo perdido (oveja, moneda, hijos). En Marcos 4 tenemos varias parábolas cuyo tema principal es algún tipo de semilla (el sembrador y la semilla, la semilla que crece por sí sola, el grano de mostaza). El tema de la semilla sirvió para que los maestros de sabiduría en el movimiento de Jesús organizaran estos materiales en cadenas de historias.

Lucas nos presenta una serie de parábolas que organiza dentro del gran viaje de Jesús de Galilea a Jerusalén (Lc 9.52–19.41). Muchas historias amadas por la iglesia y reconocidas por su gran valor literario y teológico aparecen únicamente en Lucas. Entre otras encontramos: (1) El buen samaritano (10.25–37), (2) El amigo inoportuno (11.5–8), (3) El palacio tomado por el más fuerte (11.21–22), (4) La lámpara en el almud (11.33), (5) El rico insensato (12.13–20), (6) El siervo vigilante (12.35–40), (7) El mayordomo fiel (12.41–48), (8) La higuera estéril (13.6–9), (9) La semilla de mostaza (13.18–19), (10) La levadura (13.20–21), (11) La puerta angosta (13.24–28), (12) Los invitados a las bodas (14.8–14), (13) La gran cena (14.16–24), (14) La oveja perdida (15.4–7), (15) La moneda perdida (15.8–10), (16) El buen padre (15.11–32), (17) El mayordomo infiel (16.1–8), (18) Lázaro y el hombre rico (16.19–31), (19) El amo y su siervo (17.7–9), (20) La viuda y el juez injusto (18.1–5), (21) El fariseo y el publicano en el culto (18.9–14), (22) Las diez minas (19.12–27), (23) Los labradores (20.9–16), (24) La parábola de la viuda y los siete maridos (una parábola de los adversarios dentro de una historia de pronunciamiento; 20.27–40).

Las parábolas eran originalmente historias de sabiduría que Jesús contó. Estas historias fueron tomadas por un grupo de cristianos originarios por su valor estético y por su utilidad para explicar la fe y la ética, así como para servir de instrumento en situaciones de conflicto teológico. Las necesidades de enseñar, dar dirección moral, combatir adversarios, y celebrar la convivencia comunitaria hicieron imprescindible que algunos discípulos de la primera generación coleccionaran dichos, parábols y otras historias de Jesús. Pronto estos materiales fueron coleccionados en grupos que luego formaron parte de las fuentes literarias de las que bebieron nuestros evangelistas. Las historias se organizaron conforme a las necesidades de las comunidades.

Los dichos de Jesús fueron contados por cuarenta años antes de que se pusieran por escrito en el Evangelio de Marcos y en los demás evangelios. Cuando Marcos los incorporó a su narrativa, ya estaban circulando en colecciones de dichos. Es posible que Marcos los presente ya agrupados porque anteriormente otros cristianos ya habían hecho el trabajo de agrupar colecciones de historias similares. Antes de que estas colecciones llegaran a Marcos, formaron conjuntos de historias que los cristianos utilizaban en sus comunidades de fe. Nos podemos imaginar comunidades donde se narraban historias de milagro tal como hallamos en Marcos 5. Otros grupos de cristianos más orientados a las tradiciones sapienciales recolectaron parábolas y dichos de sabiduría atribuidos a Jesús (Mc 4). Otros cristianos de un corte más apocalíptico recogieron dichos sobre el fin de los tiempos y el advenimiento del reino de Dios (Mc 13). Este proceso de recoger materiales en una colección pronto pasó de un florilegio de dichos a una fuente literaria más extensa.

El Evangelio de Tomás nos muestra una colección inconexa de dichos de Jesús. Lo que los une es la formula: «Jesús dijo» o «fulano preguntó y Jesús le respondió».

Otra fuente que hemos inferido dentro de Mateo y Lucas es lo que conocemos por «Q» —de la palabra alemana *Quelle*, fuente. Esencialmente se trata de 230 versículos que Mateo y Lucas comparten que no se encuentran en Marcos, y que tienen distinto orden en Mateo y Lucas. Por lo tanto, no parece que Lucas tuviera a Mateo en la mano, ni viceversa. Mateo y Lucas son muy respetuosos con el orden de Marcos, por lo que se presume que harían lo mismo uno con el otro. Por esto, estos 230 versículos se han identificado como una fuente independiente de tradiciones atesoradas por un grupo de cristianos que ya coleccionaban las tradiciones de Jesús en griego, y que terminó de redactar su colección un poco después de la destrucción del templo de Jerusalén en el año 70 d.C. (Véase Mt 23.37–39; Lc 13.34–35). Q era una colección de dichos de Jesús con un alto contenido de dichos proféticos y apocalípticos, una colección sapiencial menor, el relato de las tentaciones y una historia de milagro (el siervo del centurión). Estaba organizado como un florilegio de dichos y anécdotas. Allí vemos que los materiales más antiguos de los cristianos primitivos incluían diversos géneros literarios (material sapiencial, historias de milagro, dichos apocalípticos e historias de milagro). Los materiales no estaban organizados en forma de narración, sino que las conexiones eran de orden temático, o por palabras claves que unían un pasaje con otro. Mateo y Lucas, independientemente, usaron a Q y a Marcos como base para sus evangelios. Q está compuesto de unos materiales que comienzan con la predicación de Juan el Bautista (Lc 3.1–4 y paralelo), incluyen la historia de las tentaciones de Jesús (Lc 4.1–13 y paralelo), el Sermón del Monte/Llano (Lc 6.10–49 y paralelo), la historia de milagro del hijo (o siervo) del centurión (Lc 7.1–10 y paralelo), y una serie de dichos proféticos y sapienciales que sólo comparten Mateo y Lucas en distinto orden. El documento Q ya era una colección de dichos y hechos de Jesús en griego. El paralelo palabra por palabra en algunos relatos entre Mateo y Lucas señala que no era un documento en arameo (véase Mt 3.7–10 y Lc 3. 7–9). Los lugares geográficos mencionados son la Decápolis, Corazín, Betzaida y Galilea. Parece que era un documento de los cristianos que hablaban griego en las 10 ciudades helénicas en Galilea, conocidas como la Decápolis, o en

Damasco, Siria. El contenido de Q nos muestra una comunidad que observa la Ley (Lc 16.16–18; Mt 5.18, 32). Posiblemente, estos eran cristianos contemporáneos al cristianismo paulino. Esto nos lleva a un paso más cerca de Jesús. Luego, podemos decir que los materiales que usan Mateo y Lucas reflejan una tradición muy antigua de los creyentes en Galilea, Decápolis y Damasco.

Los dichos y hechos de Jesús fueron juntados en florilegios y fuentes de dichos. Marcos fue el primero en hacer de ellos una narración siguiendo la forma de las biografías de la antigüedad. Marcos organizó sus materiales entre el bautismo de Jesús y la resurrección. Para coordinar los materiales que recibió de sus fuentes primarias utilizó las conjunciones «y», «enseguida». El orden en que presentó los materiales nos permite inferir sus puntos de vista como pastor y teólogo.

Marcos es el primer evangelio que conocemos. Hasta el siglo XIX se pensó que Marcos era un resumen de Mateo y Lucas. Esto hizo que Marcos fuera descuidado por los comentaristas a través de los siglos. Los eruditos del siglo XIX se dieron cuenta que Marcos era más breve que Mateo y Lucas. De esto infirieron que Marcos era el evangelio más antiguo. El análisis de manuscritos les había enseñado a los eruditos que los textos más cortos tendían a ser los más antiguos, porque los textos tenían una tendencia a crecer a través del tiempo. Esto apuntaba a que Marcos fuese más antiguo que Mateo y Lucas. Notaron además, que dondequiera que Mateo y Lucas estaban de acuerdo en el orden de los relatos, también lo estaban con Marcos. Cuando Mateo y Lucas añadían materiales que no se encontraban en Marcos, sus obras tomaban rumbos completamente distintos, tanto en el orden de eventos como en el contenido. Esto indicaba que Marcos era el evangelio más antiguo, y que Mateo y Lucas lo habían usado para componer sus obras.

La prioridad de Marcos también se puede inferir por la ausencia de los relatos de la infancia, el Sermón del Monte/Llano y los relatos de la resurrección. Los relatos de la resurrección en Marcos 16.9–20 fueron añadidos en el segundo y tercer siglos d.C., pues originalmente terminaba en Marcos 16.8. Una vez Mateo y Lucas pasan más allá de Marcos 16.8 o en los relatos previos al bautismo de Jesús, presentan textos completamente distintos. Así, los relatos del nacimiento de Jesús en Mateo incluyen una genealogía distinta a la de Lucas. Aún los abuelos de Jesús en Mateo y Lucas tienen nombres diferentes. En Mateo el relato giraba alrededor de

José e incluye la visita de los magos y la ejecución de los niños en Belén, con la huida a Egipto. Lucas, por su parte, escribe una historia del nacimiento de Jesús en paralelo a la historia del nacimiento de Juan el Bautista, y no conoce los relatos de los magos, de la ejecución de los niños, o de la huida a Egipto. En Mateo se da la impresión de que la sagrada familia vivía en Belén; pero en Lucas venían a Belén a inscribirse debido al censo de Quirino. Este censo no se menciona en Mateo. Luego del nacimiento, Lucas cuenta el relato de los ángeles, la visita al templo para la purificación de la madre, y la vuelta a Galilea. Lucas cuenta una historia que parece desconocer el relato del asesinato de los niños en Belén por parte de Herodes. Obviamente, Mateo y Lucas son completamente distintos cuando no tienen materiales comunes con Marcos. De estas discrepancias en los materiales que encontramos sólo en Mateo y Lucas se puede inferir que la mejor explicación es que Marcos es el evangelio más antiguo.

Otro problema literario que había que explicar era por qué Marcos desconoce los materiales del Sermón del Monte/Llano, las parábolas de Lucas, los dichos sobre las reglas de la comunidad de Mateo, el Padrenuestro, etc., si como se pensaba tradicionalmente era un resumen de Mateo y Lucas. La explicación más sencilla es que Marcos es el evangelio más antiguo. Mateo y Lucas, en sus obras posteriores a Marcos, produjeron sus evangelios basándose en Marcos y añadiendo otros materiales conforme a su situación pastoral.

La teoría de la prioridad de Marcos ha sido aceptada por la mayor parte de los eruditos bíblicos, sean liberales o conservadores. Una vez se estableció como conocimiento aceptable la prioridad de Marcos, esto nos llevó a una investigación exhaustiva del evangelio más antiguo.

El evangelio de Marcos está constituido por una serie de géneros literarios que han sido tejidos dentro de su narración. Podemos señalar como los géneros literarios principales: (1) las historias de milagro, (2) los apotegmas, (3) las parábolas, (4) los dichos apocalípticos, y (5) la historia de la pasión y vindicación de Jesús. De estos tipos de dichos podemos inferir cristianismos originarios diversos y variados. Los distintos tipos de relatos señalan percepciones teológicas sobre el ministerio de Jesús con distintos énfasis. Estas diferencias entre los cristianos originarios posiblemente eran similares a las diferencias que hay entre las distintas iglesias hoy día. Tenían una sola fe, pero diversas percepciones sobre la persona, ministerio y significado de la persona de Jesús. Estos grupos cristianos con distintas posiciones teológicas son: (1) cristianos con una fe centrada en la historia de la pasión y la resurrección, como Pablo; (2) cristianos que centran su fe en Jesús como maestro de sabiduría y que articulan los dichos de Jesús en parábolas y dichos de sabiduría, incluyendo los apotegmas o historias de pronunciamiento; (3) cristianos apocalípticos, con una expectativa del fin inminente (Mc 13); (4) cristianos centrados en la historias de milagro, quienes generalmente comparten una alta cristología (Mc 5.20). El genio de Marcos consistió en poner en una sola narración estas cuatro trayectorias de los cristianos originarios.

Si fuéramos a poner todo este proceso en términos de un marco cronológico tendríamos un recuadro más o menos así:

4 a.C. al 28 d.C.	30–90 d.C.	30–70 d.C.	65–75 d.C.	80–90 d.C.	90–100 d.C.
Jesús de Nazaret	Transmisión oral	Cristianos originarios	Mc y Q	Mt/Lc	Jn
		Historia de la pasión Historias de pronunciamiento Dichos de Jesús Leyendas Historias de milagro Parábolas Dichos sapienciales Dichos apocalípticos			

De este cuadro visual podemos inferir que los materiales que conocemos en nuestros evangelios son herederos de una larga y valiosa tradición oral y escrita entre los cristianos originarios. Primeramente tuvo lugar el ministerio de Jesús en Galilea, culminado en Jerusalén. Luego entramos en la etapa oral de los grupos de cristianos originarios. En esta etapa, los discípulos inmediatos de Jesús contaron las historias sobre Jesús a sus comunidades. En una tercera fase, estos materiales se agruparon, posiblemente con énfasis peculiares entre cada grupo de cristianos originarios: (1) un grupo con historias de pronunciamiento y la historia de la pasión; (2) un grupo sapiencial con dichos de sabiduría y parábolas; (3) un grupo apocalíptico; (4) un grupo con historias de milagro y una alta cristología. Llamamos «alta cristología» a la que identifica a Jesús con la deidad. En esa fase, las tradiciones de Jesús cristalizaron en estos grupos diversos. En el caso de la fuente Q, tenemos una señal de la amalgama de tradiciones de sabiduría y tradiciones apocalípticas en una comunidad. El evangelio de Marcos ya recoge estos distintos énfasis literarios y teológicos en su obra. Mateo y Lucas editan a Marcos y a Q con sus propios materiales y conforme a su teología, y de cara a los problemas de su comunidad.

En términos teológicos, Marcos, el evangelio más antiguo, nos presenta a Jesús como un personaje del fin de los tiempos (el Hijo del Hombre; véase Dn 7.14). El ministerio de Jesús es conflictivo. Jesús articula toda una ideología y una práctica contra el sistema de pureza de las sectas más rigoristas entre los judíos y los judeocristianos. Este conflicto con el sistema de pureza es tal, que Jesús toca a un leproso (Mc 1.41), es tocado por una mujer con flujo menstrual (5.25) y toca a una persona muerta (Mc 5.41). Jesús entra al área del sepulcro donde se encuentra el poseso gadareno (Mc 5.1–20). Declara inválido el sistema de pureza de los alimentos (Mc 7.19b). En Marcos 2.1–3.6 Jesús perdona pecados, se mezcla con pecadores públicos, no observa los días de ayuno judíos, viola el sábado. Con todo este discurso contra el sistema de pureza, Marcos nos presenta un relato de una comunidad en transición cultural, donde se ha entendido el mensaje de Jesús como mensaje de ruptura con la interpretación judía y judeocristiana más rigorista.

De acuerdo a Marcos, esta palabra de la comunidad causa que haya animosidad y violencia contra ella (Mc 4.17). Esto también es la base para la ejecución de Jesús, que ocupa gran parte de los materiales del evangelio más antiguo (Mc 14–16). Esta hostilidad contra la comunidad de Marcos ha hecho que muchos se aparten de la fe (Mc 10.30). Jesús da un discurso sobre el discipulado en Marcos 8–10 cuya esencia es que ser discípulo consiste en tomar la cruz y seguir a Jesús (Mc 8.34). Trágicamente, los discípulos o no entienden a Jesús, o difieren de sus enseñanzas. Frente a la violencia que ha sufrido Jesús, y luego la comunidad de Marcos, de parte de los grupos rigoristas judíos, el Jesús marcano anuncia la destrucción de Jerusalén (Mc 13.1ss). La suma de discursos sobre la destrucción de

Jerusalén en Marcos 12–13 hacen más fácil explicar a Marcos como escrito inmediatamente después de la destrucción de Jerusalén en el año 70 d.C.

Mateo es el segundo evangelio en escribirse. Mateo dependió de Marcos, Q y otros materiales propios para componer su evangelio. El que este evangelio dependiera de Marcos para componer su evangelio hace muy difícil que su autor fuera uno de los apóstoles de nombre Mateo. El autor de Mateo se nos mantiene anónimo. Aunque no sabemos el nombre del autor, podemos inferir de su obra algo sobre él. Mateo era judeocristiano. El griego de su obra es mucho mejor que el de Marcos. No parece ser una persona cuyo idioma secundario sea el griego. Su forma de comentar las Escrituras nos lo muestran como una persona con adiestramiento exegético semejante al de los rabinos judíos del período.

Mateo organizó estos materiales en una estructura de cinco discursos paralelos a cinco narraciones. Mateo volvió a contar la historia de Marcos para señalar sus propias particularidades teológicas. Puesto que Mateo tenía en la mano a Marcos, su evangelio tuvo que ser escrito después del año 70. Por otro lado, San Ignacio y la Didajé, documentos de principios del segundo siglo, tienen a Mateo en la mano. Dándole algún tiempo a Mateo para haber recibido y asimilado el Evangelio de Marcos, es dable suponer que Mateo se escribió en cualquier momento entre el año 80 y el 90 d.C. a más tardar.

Una diferencia notable con Marcos es su posición respecto a la observancia de la ley (Mt 5.16–20). Para Mateo, Jesús es el Mesías judío. Aunque su comunidad ha tenido un gran éxito con los gentiles (Mt 2.1–12; Mt 28.16–20), todavía exige que se sostenga como parte de la vida cristiana la observancia de la ley. Mateo es el evangelio de los judeocristianos. Por ello, mientras que en Marcos el énfasis recae sobre la discontinuidad con el sistema de pureza, en Mateo recae sobre la observancia de la Ley (Mt 5.17–20). En los casos en que Marcos parece abrogar la Ley, Mateo edita sus materiales de manera que se sostengan el sábado y el sistema de pureza de la dieta judía (Mt 15.18; 24.20). La comunidad de Mateo está en guerra con la sinagoga por el alma del judaísmo luego de la destrucción del segundo templo. Por eso, para Mateo, «los malos de la película» son los fariseos, que eran la otra alternativa para el liderato de la comunidad judía luego de la destrucción de Jerusalén.

El tercer evangelio en ser escrito es Lucas. Ya a principios del segundo siglo, Lucas comenzó a circular en las iglesias de Asia Menor. En el año

144 d.C., Marción, un heterodoxo, publicó un evangelio de Lucas que llamó «El Evangelio», pues decía que no era escrito por Lucas. Tertuliano, un escritor cristiano de finales del segundo siglo y principios del tercero, señala que para los marcionitas el título del tercer evangelio «Conforme a Lucas» estaba «falsificado en cuanto a su título» (*Contra Marción* 4.3.5). De esta información podemos inferir que el título de esta obra, en referencia a su autor, era un asunto debatido entre los cristianos del segundo siglo. En todo caso, el autor señala que depende de otras obras que se han escrito sobre la vida de Jesús (Lc 1.1–4). Sus destrezas literarias lo señalan como uno de los mejores escritores del Nuevo Testamento. Su relación con Pablo, en el libro de Hechos, apunta a un discípulo tardío del gran apóstol. Lucas no conoce las cartas paulinas, y su imagen del apóstol presenta una imagen coherente con Pablo a grandes rasgos, pero con elementos interpretativos que muestran cierta distancia entre este autor y Pablo.

Al igual que Mateo, Lucas tenía a Marcos en las manos. Por lo tanto, tuvo que ser escrito luego del año 70 d.C. Lucas se refiere a la destrucción de Jerusalén varias de veces (Lc 19.41–44; 20.15; 21.5, 20–24). Es posible que se escribiera tan tardíamente como en el gobierno de Nerva (96–98 d.C.), porque no se ve aquí un conflicto con el imperio romano como el que observamos en el Apocalipsis. Si esto fuera correcto, podríamos decir que Lucas se escribió cerca del segundo siglo.

Lucas, por su parte, organiza sus materiales geográficamente. La primera parte es el relato del nacimiento de Jesús en Belén, lo que lleva gran parte de la acción a Jerusalén. Luego del bautismo de Jesús, se presenta su ministerio en Galilea (Lc 4.14–9.50). Lo que sigue gira en torno a un viaje de Galilea a Jerusalén, donde Lucas sitúa gran parte de sus materiales (Lc 9.51–19.28). La conclusión del relato se sitúa en Jerusalén, donde concluye con la historia de la pasión y los aparecimientos del Cristo Vivo en Jerusalén. Lucas le pone su propio sello a Marcos y Q. Se caracteriza entonces porque le da gran énfasis a la ética de la solidaridad con los empobrecidos (Lc 6.20–24). Ajusta la tradición apocalíptica para separar la destrucción de Jerusalén de la venida del Hijo del Hombre. Antes de la venida del Hijo del hombre en gran gloria, viene el tiempo de la misión de la iglesia a las naciones (Hch 1.6–8).

Entre otras cosas, Lucas, corrige la escatología inminente del cristianismo originario al separar la venida de Cristo de la tribulación judía por la destrucción de Jerusalén (Lc 21). Lucas le añade al evangelio una segunda obra, Hechos, que explica el sentido de la historia humana. Cristo no ha venido inmediatamente porque la tarea de la iglesia es ser su testigo hasta los confines de la tierra (Hch 1.8). Si la venida de Cristo es algo que está en las manos de Dios (Hch 1.6), eso no significa que la iglesia no sea una comunidad del fin de los tiempos. La presencia y dirección del Espíritu han anticipado en la vida de la comunidad de fe la presencia de los eventos del fin de los tiempos. Para Lucas, una comunidad bajo la enseñanza compasiva de Jesús, y bajo la dirección del Espíritu Santo, debe intentar vivir ya en el jubileo. El jubileo implica una sociedad donde todos los bienes se distribuyen a cada cual conforme a su necesidad (Lc 19.1–10; Hch 4.32). El mensaje ético de Lucas se puede resumir en las siguiente palabras: «Mirad, guardaos de toda avaricia, porque la vida del hombre no consiste en la abundancia de bienes que posee» (Lc 12.15).

En su segunda obra, Hechos, el autor organiza los materiales usando el patrón de una historia de la antigüedad. Una historia de la antigüedad cuenta cómo se organizó un grupo importante de la historia, quiénes fueron sus líderes más importantes, y cómo fue que llegamos a la situación actual. Hechos es la primera historia de la iglesia que produce el cristianismo primitivo. Hechos repite el patrón de presentar los materiales a través de un viaje o varios viajes. Su bosquejo se resume en Hechos 1.8. El ministerio del Espíritu Santo comienza en un tránsito desde Jerusalén, vía Judea, Samaria y hasta los confines del mundo (Hch 1.8). Desde Hechos 13 en adelante el personaje principal es Pablo. La parte de Pablo en Hechos se organiza en tres viajes misioneros. El genio de Hechos es que combina la misión paulina con la de Santiago (vea Gá. 2). Tal como aparece ahora en el canon, Hechos sirve de prefacio a las cartas de Pablo y a las cartas católicas o universales.

El último de los evangelios canónicos fue Juan. La tradición le adjudicó este evangelio a Juan, uno de los discípulos de Jesús en la tradición sinóptica. La razón fue muy posiblemente que en la tradición sinóptica Santiago, Pedro y Juan se presentan como los discípulos de mayor prominencia. Simón Pedro no podía ser el autor, porque era mencionado junto al Discípulo amado en Jn 20. Santiago había sido martirizado muy temprano en la historia (Hch 12). Sólo quedaba Juan. Por ello, los padres de la iglesia en el segundo siglo señalaron a Juan como el escritor del cuarto evangelio. Pero no hay manera de evidenciar esta información con material interno en nuestro evangelio. Lo que sabemos es que uno de los discípulos de Jesús es señalado como el autor (Jn 21.24). El único nombre que disponemos como evidencia interna para este autor es el de Discípulo amado.

El autor de Juan parece ser uno de los discípulos de Jesús, pero se mantiene al rescoldo. De la información interna podemos inferir que es un judeocristiano (Jn 4.22), observante de la ley interpretada por Jesús (Jn 14.15). El griego de esta obra es impecable. El autor conoce las fiestas judías y la geografía de Palestina.

Juan sabe que se han escrito otros relatos sobre la vida de Jesús (Jn 20.31). Sin embargo, parece que no tiene nuestros evangelios en la mano. Las diferencias entre él y los evangelios sinópticos muestran una completa independencia literaria entre estos. El evangelio de Juan tiene sus coincidencias con la tradición más antigua; pero sus diferencias son mucho más significativas. Algunas diferencias entre Juan y la tradición sinóptica son: (1) no hay un sólo exorcismo en Juan; (2) Jesús habla esencialmente de sí mismo y de su autoridad, mientras que el tema principal en los sinópticos es el reino de Dios; (3) sólo en Juan está claro que el ministerio de Jesús dura tres años, pues la tradición sinóptica da la apariencia de que duró sólo un año; (4) Jesús da largos discursos alrededor de temas que no aparecen en los sinópticos; (5) los adversarios en el evangelio de Juan no son los fariseos, saduceos y otros grupos judíos, sino «los judíos». Estas diferencias sólo se pueden explicar subrayando que el autor es un teólogo de gran creatividad que está escribiendo a gran distancia, y en un proceso de una profunda interpretación de los dichos y eventos de la vida de Jesús de Nazaret. Por esta razón, en los siglos XVIII y XIX se abandonó la idea de que el evangelio de Juan fuera un documento que nos sirviera como una fuente primaria para conocer los dichos de Jesús. Juan era una profunda interpretación sobre la persona de Jesús de cara a la situación de la comunidad juanina a finales del primer siglo d.C.

Juan se terminó de redactar a finales del primer siglo, o principios del segundo siglo. Conoce la destrucción de Jerusalén en el año 70 d.C. (Jn 11.48), la muerte de Simón Pedro (Jn 21.23), y la larga vida del Discípulo Amado (Jn 21.22–24). Cuando miramos a Juan con cuidado, encontramos que utilizó siete historias de milagro a las que llama «señales». Estas historias de milagro tienen paralelo con algunas de las historias de milagro en Marcos. Juan, sin embargo, no hace alusión a ni un sólo exorcismo, en contraste con Marcos, que usa del exorcismo constantemente. Las señales milagrosas en los primeros 12 capítulos de Juan sirven para largos discursos puestos en boca de Jesús. El discurso y el diálogo son los géneros literarios primarios en estos pasajes juaninos. La segunda parte del evangelio de Juan es un discurso de despedida (Jn 13–17) a los discípulos. Juan 18–20 es la historia de la pasión y los relatos de la resurrección en Jerusalén. Juan 21 es un epílogo donde se narra la aparición de Jesús a los discípulos en el lago de Galilea. Esta aparición la habíamos visto en Lucas 5.1–11, como comienzo del ministerio de Jesús. La mayor parte de los eruditos es de la opinión que Juan 21 es realmente un relato de la presencia del resucitado y que por lo tanto Juan ha localizado este relato en su lugar original.

A diferencia de los evangelios de Marcos, Mateo y Lucas, Juan nos presenta un relato que gira alrededor de la identidad de Jesús. Con este tema comienza: «el verbo era Dios» (Jn 1.1). La última confesión antes del epílogo repite el tema principal. Tomás llama a Jesús «al Señor mío y el Dios mío» (Jn 20.28). (Nótese que le he puesto el artículo definitivo a la confesión, para que esté claro que cuando Juan confiesa a Jesús como la deidad, lo hace con todo el sentido completo y no como si fuera una deidad menor.) El relato interno nos presenta los milagros de Jesús como signos que ayudan al lector y a los opositores a darse cuenta de quién es Jesús. Jesús es verdaderamente humano (Jn 1.14), pero también es la revelación de Dios (Jn 1.18). Por eso, sus adversarios reconocen que Jesús se hacía «igual a Dios» (Jn 5.18). Eso es lo que Juan trata de decirles constantemente a los lectores, que en la persona de Jesús se ha revelado el Padre (Jn 14.9). Juan usa otra estrategia literaria para articular esta alta cristología: los dichos «yo soy». Estos dichos son un juego de palabras con el nombre sagrado de Dios (Ex 3.14). Jesús constantemente se presenta como el gran yo soy (Jn 4.26; 6.20; 6.35; 8.12; 10.7; 10.11; 11.25; 14.6; 15.1: 18.5–6). Un lector avisado en la cultura judía sabía que le estaban hablando en doble sentido. «Yo soy» era el nombre divino revelado a Moisés en la zarza ardiente (Ex 3.14). A través de este «yo soy», la comunidad juanina dio testimonio de su fe en Jesús. Habían recibido la revelación de Dios en el hombre Jesús de Nazaret. El contexto existencial de esta confesión fue el surgimiento de un grupo de cristianos de finales del primer siglo y principios del segundo siglo que confesaban que Jesús era sólo Dios. Frente a ello, la comunidad juanina afirmaba tanto la divinidad de Jesús como su plena humanidad (1 Jn 4.1ss; 2 Jn 7).

La formación del corpus paulino

Capítulo 13

Aunque las cartas de Pablo fueron escritas a otros lectores, han seguido hablando con voz nueva y pertinente a cada generación de creyentes. Cada vez que una congregación rcibe la bendición con las palabras «la gracia de nuestro Señor Jesucristo, el amor de Dios y la comunión del Espíritu Santo sea con todos vosotros» (tomadas de 2 Co 13.14), el apóstol de los gentiles sigue bendiciendo a las iglesias hijas de su misión. Como ese pasaje bíblico, las cartas de Pablo están llenas de palabras de esperanza, consolación y dirección espiritual que viven en la memoria del pueblo creyente. ¿Qué lector o lectora no recuerda las palabras «Dios estaba en Cristo reconciliando al mundo consigo mismo» (2 Co 5.19) o «si yo hablase lenguas humanas y angélicas, y no tengo amor, vengo a ser como metal que resuena o címbalo que retiñe» (1 Co 13.1)? Estos pasajes se han convertido en parte del repertorio espiritual y teológico implícito de muchos creyentes en su peregrinaje por la vida. A través de los siglos, las cartas de Pablo han sido un lugar de reflexión teológica medular para los cristianos. En el segundo siglo, es Marción quien usa las cartas de Pablo y da su propia interpretación de éstas para proponer un cristianismo sin el Antiguo Testamento y en ruptura con el Dios de Israel. En el cuarto siglo, las cartas de Pablo son medulares en la definición de la salvación, la gracia y el pecado en el pensamiento de Agustín de Hipona. La Reforma Protestante se dirimió alrededor de la interpretación de algunas de las cartas de Pablo. En el siglo XX, Karl Barth utilizó su comentario a Romanos para refutar el pensamiento liberal del siglo XIX. Más allá de estos focos teológicos, ha sido en la vida diaria de nuestras iglesias, que las cartas de Pablo han tenido su significado más profundo. ¿Qué discusión sobre el Espíritu no ha tenido que recurrir a los pasajes en Romanos 12 y I de Corintios 12–14? ¿Qué mujer o lector conciente no ha tenido que luchar con los textos antifemeninos que se hallan en las cartas de Pablo (1 Co 14.32; 1 Ti 2.9ss)? Sólo el evangelio mismo de Jesucristo ha tenido una preponderancia mayor que las cartas de Pablo en las comunidades de fe cristianas.

La figura de Pablo se nos presenta en sus cartas auténticas, en Hechos, en las cartas de sus discípulos que entraron al canon, y en otros documentos no canónicos que le tienen como personaje medular. De todas estas fuentes podemos inferir que Pablo era un judío del mundo helenista. El apóstol se presenta en estas fuentes con todas las señales de la hibridez cultural judía-helénica de este período.

El libro de Hechos señala que Pablo nació en la ciudad de Tarso, Cilicia (Hch 22.3). Pablo proviene de una ciudad helenista que tenía una gran influencia griega, y que fue un centro de filosofía griega. Si esta información es fidedigna, podemos comprender el uso de la retórica helenista que encontramos en las cartas de Pablo. Figuras como la diatriba, el discurso político y judicial, y las anáforas eran parte del repertorio retórico común al mundo helenista. Las cartas de Pablo muestran la influencia helenista tanto en el uso de estos modelos literarios, como en el uso exclusivo del griego coiné.

El libro de Hechos añade que Pablo era ciudadano romano (Hch 16.37–38; 22,25–29). Esto es coherente con la información de que Pablo fue llevado a Roma para ser enjuiciado. Si Pablo hubiera sido meramente un judío de la diáspora, hubiera sido juzgado o en Jerusalén o en Cesarea Marítima. Pudo apelar a Roma muy posiblemente por el salvoconducto de su ciudadanía romana. El que las autoridades nativas no lo enjuiciaran, indica que era ciudadano romano y que tuvieron que mostrar deferencia a este poder legal (Hch 18.3; 1 Ts 2.9).

Hechos menciona que Pablo trabajaba como artesano en la construcción y reparación de tiendas de campaña (Hch 18.3). En I de Tesalonicenses (2.9), Pablo menciona que trabajó duro con sus manos como obrero—artesano—día y noche. Es extraño que un ciudadano romano pertenezca a la no-elite judía en la diáspora. En la antigüedad había una diferencia entre la clase social y el estatus de una persona. Pablo podía ser un hombre de gran estatus como escriba, pero con un oficio artesanal. En el judaísmo del segundo siglo encontramos varios rabinos que eran grandes exégetas y tenían un oficio artesanal.

Si el idioma en que Pablo se comunica en sus cartas es el griego, la carga cultural de su pensamiento es judía. Así, el contenido de su pensamiento tiene sus ecos claros en la literatura apocalíptica del judaísmo intertestamentario. La discusión sobre la parusía, la justificación por la fe, el Espíritu como un don del fin de los tiempos, la ética comunitaria, la comprensión de la muerte de Jesús como la muerte de un mártir con valor vicario y otros asuntos en las cartas paulinas nos muestran cuán inmerso estaba Pablo en la cultura judía de su tiempo.

El autor de Hechos nos informa que Pablo fue educado a los pies de Gamaliel en Jerusalén (Hch 22.3). Esta metáfora sobre la educación a los pies de Gamaliel no tiene que significar que Pablo fue educado directamente por Gamaliel, sino que Pablo recibió una educación en la clave del judaísmo fariseo. Las cartas auténticas de Pablo señalan que la formación cultural judía de Pablo era significativa (Flp.3.5–6). En Filipenses 3, Pablo señala que fue circuncidado al octavo día, que era de la tribu de Benjamín y que era fariseo. Todo esto confirma que Pablo escribe en griego, pero siente, percibe y comprende el mundo desde una perspectiva de la cultura judía de su tiempo.

Una lectura de las cartas paulinas y el libro de Hechos nos permite conocer una serie de datos sobre la vida y pensamiento de Pablo. Si la crucifixión de Jesús fue alrededor del año 28 d.C., la experiencia de llamamiento apostólico de Pablo fue a principios de la década de los 30 d.C. Esto nos lleva a inferir que Pablo nació a principios del primer siglo. Cuando Pablo fue llamado a su ministerio cristiano, tendría posiblemente entre 25 y 30 años. El libro de Hechos dice que Pablo era un hombre joven cuando Esteban fue ejecutado (Hch 26.4).

Pablo dice que inicialmente fue un opositor y perseguidor del cristianismo más antiguo (Flp 3.6; Hch 9.1–2; 22.4–5). El libro de Hechos nos narra que en una expedición de persecución contra los cristianos de Damasco, Siria, Pablo tuvo su historia de comisión apostólica (Hch 9; 22.6–16; 26.12–18). De su período en el judaísmo, Pablo narra que «perseguía y asolaba» a los cristianos debido a su celo por la Ley. Pablo alega que su celo por el judaísmo era tal que aventajaba a sus contemporáneos «siendo mucho más celoso de las tradiciones de mis padres» (Gá. 1.13–14). En Filipenses 3.6, Pablo afirma que «en cuanto a la justicia que es en la ley, [era] irreprensible».

San Pablo nunca nos narra con detalles su encuentro con el Cristo Vivo. Alega que fue «asido por Cristo» (Flp 3.12). En Gálatas, nos narra su encuentro con el Señor en lenguaje reminiscente al llamamiento del profeta Jeremías: «cuando agradó a Dios, que me apartó desde el vientre de mi madre, y me llamó por su gracia, revelar a su Hijo en mí» (Jer. 1.5).

Tanto las cartas auténticas como el libro de Hechos son coherentes en presentar a Pablo como un gran misionero fundador de congregaciones. Las cartas a distintas iglesias nos muestran un grupo de las iglesias que fundó el Apóstol a los gentiles. Un poco más de la mitad del libro de Hechos trata de la misión paulina. El autor de Hechos nos presenta la misión paulina en tres grandes viajes que lo llevaron desde Asia Menor hasta Occidente.

La misión a los gentiles que Pablo llevó a cabo trajo una secuela conflictiva: ¿tendrían que «judaizar» los gentiles para ser parte del pueblo de Dios? Los cristianos originarios lucharon con gran pasión y sufrimiento alrededor de esta pregunta. Para los judeocristianos, Jesús era el Mesías de Israel. La misión a los gentiles sólo abría las puertas a los gentiles para incorporarse al pueblo de Dios. Si alguien quería recibir las bendiciones que Dios le había prometido a Abraham, tenía que aceptar con fe al Mesías Jesús, circuncidarse y observar la ley (Gn 17).

De las cartas paulinas y del libro de Hechos también podemos inferir que Pablo fue un protagonista en la discusión entre los judeocristianos y la misión gentil. Muy posiblemente alrededor del año 50 d.C. hubo una reunión en Jerusalén entre los líderes del cristianismo para discernir cómo manejar el conflicto sobre la entrada de los gentiles a la comunidad de fe. Tenemos dos versiones de este conflicto. La primera se nos narra en Hechos 15. En esta versión se dice que el conflicto lo causaban los convertidos al cristianismo de la secta de los fariseos (Hch 15.1, 5). La otra versión es la de Pablo mismo. Pablo alega que eran «falsos hermanos intrusos». Aclara que eran los del grupo de Santiago (Gá. 2.4, 12), quienes trataban de obligar a los gentiles a judaizar. El relato paulino, por venir de uno de los testigos del evento, parece tener un núcleo histórico más cercano a los eventos. A un lado de la discusión estaba Santiago y un sector del judeocristianismo. Pedro y Bernabé asumieron una posición ambigua, pero luego se allanaron ante la autoridad de este grupo judeocristiano. Pablo representaba el otro lado de este conflicto. Para Pablo lo que estaba en juego era el significado de la vida, muerte y resurrección de Jesucristo. Si un gentil tenía que circuncidarse para ser salvo, en vano había muerto Cristo (Gá 2.15–21). Para nuestro apóstol, un gentil no tenía que convertirse al judaísmo para ser parte del pueblo de Dios. La cruz y la resurrección eran suficiente para la salvación de los gentiles. Las seguridades rituales y legales habían sido superadas por la justicia de Dios que se había revelado en la muerte y resurrección de Jesucristo. La salvación efectuada por Jesucristo era de mayor excelencia que lo que un creyente gentil pudiera ganar a través del camino de su observancia de la ley en búsqueda de una justicia propia ante Dios. Cristo había traído una justicia superior, la justicia de Dios como un don para todos los creyentes (Flp 3.9). Los gentiles sólo tenían que observar el monoteísmo judío y la ética del amor, y confiarse en la fe de Cristo (Ro 3.21ss). Pablo entendió que en la muerte y resurrección de Jesucristo se había revelado la salvación completa de Dios para los gentiles. Por esta razón, entendió que observar la circuncisión, la dieta judía, el tiempo sagrado, o el sistema de pureza implicaba que el mensaje de Jesucristo no era suficiente para la salvación de los gentiles. Para Pablo, Cristo bastaba. En esta disputa entre Pablo y los judeocristianos, que incluían a un hermano carnal de Jesús, Santiago (Gá 1.19), se determinó en qué consistía la verdad del evangelio.

El tiempo favoreció a Pablo. En el año 70 d.C., Jerusalén fue destruida. El judaísmo se polarizó a favor de sus tradiciones de pureza. Los judeocristianos fueron marginados en el judaísmo hasta que hubo que optar entre ser judío o ser cristiano. El cristianismo paulino fue el fundamento de una nueva religión distinta al judaísmo. Las cartas de Pablo tomaron un nuevo sentido en ese proceso de separación de la comunidad judía y la comunidad cristiana. Esas cartas proveyeron la ideología del cristianismo gentil más allá de la observancia legal. Todavía en el segundo siglo había cristianos observantes de la Ley que veían a Pablo como un apóstata. Eusebio de Cesarea cuenta de un grupo de judeocristianos del segundo siglo llamados «ebionitas» que «observaban rigurosamente la Ley y pensaban que las cartas del apóstol deberían ser rechazadas totalmente, y lo designaban un apóstata de la Ley. ...observaban el sábado y todo el ceremonial judaico... » (*Historia eclesiástica* 3.27).

La ortodoxia decidió entre la posición de los judeocristianos y Pablo, desde luego, a favor de Pablo. Sin embargo, el canon del Nuevo Testamento asumió una posición ecléctica entre Pablo y sus adversarios judeocristianos. Quienes forjaron el canon admitieron junto a las cartas de Pablo, el evangelio de Mateo, un documento sesgadamente judeocristiano (Mt. 5.16–18), Santiago (Stg 2), Judas, Apocalipsis y el evangelio de Juan (Jn. 14.15). Estos otros documentos canónicos tenían una opinión distinta a la de Pablo sobre la observancia de la Ley. Todos ellos eran de la opinión que la Ley había que observarla. Para estos documentos, Jesús era la culminación de la Ley.

La mayor parte de las cartas auténticas de Pablo se escribieron en la década de los cincuenta. Esta crisis nos sirve como marcador para fechar la mayor parte de las cartas. I de Tesalonicenses no tiene indicios de este conflicto, de ahí que pensemos que es la carta más antigua del Nuevo Testamento, previa al conflicto judeocristiano. Las demás cartas paulinas, con la excepción de Filemón y I de Corintios, evidencian la crisis judeocristiana. Las cartas a los Gálatas, Filipenses 3, II de Corintios 10–13 y Romanos son los testimonios de aquel debate desde la óptica de nuestro apóstol.

Obviamente, el mundo gentil tenía sus propios desafíos. I de Corintios es un ejemplo de los retos que tuvo que enfrentar nuestro apóstol. Situaciones como los cultos paganos, la sexualidad, la experiencia religiosa, el seguimiento de figuras de gran estatus y el rol de la mujer, fueron temas a los que Pablo tuvo que responder. El tema álgido sobre cómo se abordará la relación entre la fe y la esclavitud se pone en el tapete en Filemón. El tema era tan peligroso que la escuela paulina luego añadió varias cartas al corpus paulino para suprimir cualquier entendimiento libertario que pareciera provenir de Filemón. Para el imperio romano, la esclavitud era el modo de producción preponderante. Cualquier amenaza a este orden económico era señal de una insurrección. Colosenses, Efesios, y I de Timoteo vienen a cerrar cualquier posibilidad de que el gran apóstol sugiriera que no se podía ser hermano en la fe y amo esclavista (Flm 16). No es por accidente que el canon ha puesto a Efesios, Colosenses, I de Timoteo antes de Filemón. El canon en el orden en que está ahora hace que el lector presuma que Pablo estaba a favor de la esclavitud. Con esos ojos es que Filemón ha sido leído. Un grupo creciente de estudiosos de la Biblia han señalado que Filemón nos deja ver lo que pensaba el apóstol sobre la fe y la esclavitud. El consejo cuidadoso a Filemón es que aceptara a su esclavo Onésimo como un «hermano amado... tanto en la carne como en el Señor» (Flm 16). La «carne» aquí desde luego se refiere a las relaciones sociales. La fe no permite que haya subordinación entre los seres humanos. Pero en el caso de Filemón, la cosa no es sólo «en Cristo Jesús» (Gá 3.27), sino «en la carne» también.

Posiblemente, Pablo fue ejecutado en la primera gran persecución de las autoridades romanas en tiempos de Nerón (ca. 67 d.C.). Esto lo convirtió en un mártir. Su tarea como gran fundador de iglesias, y su estatus como mártir y la pérdida de las bases del judeocristianismo con la destrucción de Jerusalén en el año 70 d.C., hicieron a Pablo un personaje central para el cristianismo a través de los siglos.

Pablo fue el primer escritor de documentos de los cristianos originarios que entraron al canon del Nuevo Testamento. Las cartas auténticas de Pablo han sido explicadas como conversaciones en contexto. Fueron las propias circunstancias en las iglesias paulinas las que motivaron al apóstol a escribir las cartas que hoy conocemos bajo su autoría. Lo mismo podemos decir de las cartas de sus discípulos, que también respondían a desafíos en las comunidades paulinas posteriores a la muerte del apóstol de los gentiles. Necesidades de las congregaciones en su liturgia, vida diaria y otros conflictos forzaron al apóstol de los gentiles y a sus discípulos a dar su consejo, opinión y mandato apostólico.

El apóstol de los gentiles usó la estructura típica de las cartas de la antigüedad para comunicarse con sus congregaciones y para persuadirles sobre asuntos de vida, ética, teología y asuntos personales. Las cartas del Apóstol siguen un formato en tres partes principales: (1) introducción, (2) cuerpo, (3) conclusión. Las cartas eran un género literario muy flexible. Esa flexibilidad se puede ilustrar con ejemplos en las cartas del Nuevo Testamento. Filemón es una carta muy breve con un gran tacto sobre un asunto muy delicado en la antigüedad: el manejo de un esclavo fugitivo. El autor de Apocalipsis usa el formato de carta para comunicar sus visiones a las iglesias de Asia Menor. La carta a los Romanos es muy parecida a un tratado teológico, pero aún así es una carta a una comunidad que el apóstol Pablo no había fundado.

El Nuevo Testamento tiene 13 cartas que presentan a su autor como Pablo. De estas trece cartas, ocho tienen un segundo o tercer remitente. En el proceso canónico se le adjudicó a Pablo el libro de Hebreos, con lo que el cuerpo de cartas paulinas se constituyó con 14 cartas. El número catorce es de orden simbólico pues es múltiplo de siete, el número completo y pleno en el judaísmo. Con las cartas católicas o universales, siete otras cartas, el Nuevo Testamento tenía el múltiplo de siete multiplicado por tres. Este número no era un accidente, pues quienes forjaron el canon querían señalar a la colección completa de estas cartas como el depósito pleno de la revelación del evangelio.

Las cartas de Pablo presentan varios dilemas interpretativos. Primeramente, este cuerpo de cartas es la parte más antigua del Nuevo Testamento. Como ya hemos visto, en II de Pedro (3.16), posiblemente el último escrito del Nuevo Testamento, se equiparan las cartas de Pablo con el resto de la «Escritura»—es decir, la Biblia hebrea. En el año 144, Marción, líder de un grupo heterodoxo en Bitinia, Asia Menor, publicó un texto precursor del Nuevo Testamento con 10 cartas paulinas. Marción y la tradición de los manuscritos más antiguos del Nuevo Testamento sólo conocían 10 cartas de Pablo. Este corpus no incluía Hebreos ni las Cartas Pastorales (Timoteo y Tito). A mediados del primer siglo, el corpus paulino tenía claramente diez cartas.

Un segundo elemento es que ya ocho de estos documentos señalan abiertamente que las cartas paulinas procedían de Pablo y sus discípulos. La conciencia de que los discípulos de Pablo participaron en la producción de las cartas paulinas puede ser explícita en las cartas, o puede ser producto de la sospecha de que la carta que lleva el nombre del Apóstol realmente es un documento de sus discípulos. La pseudoepigrafía ha sido aceptada como la mejor explicación por la mayor parte de la academia en relación con las Cartas Pastorales (Tito, I y II de Timoteo). Un grupo preponderante de eruditos, comenzando por Erasmo de Rotterdam en 1516, piensan que Colosenses, Efesios y II de Tesalonicenses son cartas de los discípulos más próximos de Pablo. Prácticamente la totalidad de los estudiosos del Nuevo Testamento son de la opinión que Hebreos no es un documento paulino. Todo esto nos conduce a una investigación sobre la formación del cuerpo de cartas adjudicado a su nombre.

Podemos dividir las cartas paulinas en varias fases: (1) las cartas auténticas de Pablo; (2) las cartas de sus primeros discípulos (Efesios, Colosenses y II de Tesalonicenses); (3) las cartas canónicas de sus discípulos más tardíos (las Cartas Pastorales); (4) los documentos extracanónicos a nombre de Pablo; (5) un documento no paulino adjudicado a Pablo en el proceso canónico (Hebreos).

La imagen de Pablo que hemos recibido de todos estos documentos es la suma de las tradiciones más antiguas procedentes de Pablo mismo, las tradiciones de sus discípulos más tempranos, el autor de Hechos, y los discípulos más tardíos en las cartas pastorales. Hebreos varía aún más la imagen de Pablo que el canon nos presenta. Encontrar al Pablo de la historia requiere separar las cartas auténticas de las de sus discípulos, de Hechos y de Hebreos. El canon tiene varios Pablos: el Pablo que escribió las cartas auténticas, y el Pablo modificado por sus discípulos y por los forjadores del canon.

La autoridad que Pablo obtiene en el proceso canónico proviene de varias fuentes. En su etapa más antigua, Pablo se presenta como un visionario (2 Co 12.1–5), electo apóstol (Gá 1.15–16) y persona del Espíritu (1 Co 14.18). Pablo señala que ha recibido una tradición de los cristianos originarios de profunda autoridad para él y para sus comunidades. En su comunicación con carga apocalíptica dice: «Por lo cual os decimos esto en palabra del Señor: que nosotros que vivimos, que habremos quedado hasta la venida del Señor, no precederemos a los que durmieron. El Señor mismo, con voz de mando, con voz de arcángel y con trompeta de Dios, descenderá del cielo. Entonces, los muertos en Cristo resucitarán primero. Luego nosotros, los que vivimos, los que hayamos quedado, seremos arrebatados juntamente con ellos en las nubes para recibir al Señor en el aire, y así estaremos siempre con el Señor» (1 Ts. 4.15–17). Nuevamente, Pablo apela a la palabra del Señor, pero ahora en clave apocalíptica. Nótese que las palabras sobre la parusía (advenimiento de Cristo como Señor del mundo) se presentan en la fórmula clásica de un mensajero profético.

En la carta a los gálatas, Pablo alega que su enseñanza sobre el evangelio se fundamenta en su llamamiento al apostolado. Los adversarios de Pablo alegan que éste está supeditado a la iglesia de Jerusalén. Señalan que no fue uno de los discípulos que conoció a Jesús en la carne. Pablo tiene que defender sus credenciales. Esto lo hace recurriendo a la fórmula del llamado profético que ha heredado de las Escrituras de Israel: «Pablo, apóstol (no por disposición de hombres ni por hombre, sino por Jesucristo y por Dios Padre que lo resucitó de los muertos)» (Gá 1.1). El apóstol explica que su autoridad se fundamenta en la elección divina: «agradó a Dios, que me apartó desde el vientre de mi madre y me llamó por su gracia, revelar a su Hijo en mí, para que yo lo predicara entre los gentiles» (Gá 1.15–16). La autoridad paulina se fundamenta en la revelación divina. Pablo se entiende a sí mismo como una figura profética de forma parecida al relato del llamamiento de Jeremías (Jer 1.5). Por esta razón, Pablo no siente que tiene que consultar con la iglesia de Jerusalén: «no me apresuré a consultar con carne y sangre. Tampoco subí a Jerusalén para ver a los que eran apóstoles antes que yo» (Gá 1.16–17). La autoridad del Apóstol es tal que en Antioquía tuvo un incidente con Simón Pedro sobre la observancia de la dieta y sistema de pureza judío y su relación con los gentiles, y se atrevió a reprender a Pedro: «Pero cuando Pedro vino a Antioquía, lo reprendí cara a cara, porque era de condenar, pues antes que llegaran algunos de parte de Jacobo, comía con los gentiles; pero después que llegaron, se retraía y se apartaba, porque tenía miedo de los de la circuncisión. Y en su simulación participaban también los otros judíos, de tal manera que aun Bernabé fue también arrastrado por la hipocresía de ellos. Pero cuando vi que no andaban rectamente conforme a la verdad del evangelio, dije a Pedro delante de todos: "Si tú, siendo judío, vives como los gentiles y no como judío, ¿por qué obligas a los gentiles a judaizar?» (Gá. 2.11–14). Nótese que Pablo entendió que la conducta de Pedro y Bernabé era una simulación hipócrita, y que la conducta de Pedro era digna de represión. Luego, Pablo entendía en su experiencia de vocación apostólica que el contenido del evangelio que él recibió era palabra de Dios. Los judeocristianos más conservadores veían en Pablo un desviado teológico y un peligro para la identidad del pueblo de Dios. Aquel conflicto fue un asunto medular en la identidad del cristianismo. Si los judeocristianos hubieran ganado esa pelea, el cristianismo se hubiera convertido en una secta dentro de los judaísmos de aquel tiempo.

En la primera carta a los corintios, frente a la pasión por la experiencia religiosa de los corintios, Pablo trata de regular y poner criterios a la experiencia religiosa. De cara a la posible resistencia a su enseñanza, el Apóstol señala que: «Si alguno se cree profeta o espiritual, reconozca que lo que os escribo son mandamientos del Señor» (1 Co 14.37). Pablo entiende que su palabra como apóstol de esta comunidad le da autoridad moral para dictarle mandamientos del Señor.

En II de Corintios 11, Pablo señala un criterio que le añade autoridad moral sobre sus congregaciones: sus sufrimientos apostólicos: «...en trabajos, más abundante; en azotes, sin número; en cárceles, más; en peligros de muerte, muchas veces. De los judíos cinco veces he recibido cuarenta azotes menos uno. Tres veces he sido azotado con varas; una vez apedreado; tres veces he padecido naufragio; una noche y un día he sido náufrago en alta mar; en caminos, muchas veces; en peligros de ríos, peligros de ladrones, peligros de los de mi nación, peligros de los gentiles, peligros en la ciudad, peligros en el desierto, peligros en el mar, peligros entre falsos hermanos; en trabajo y fatiga, en muchos desvelos, en hambre y sed, en muchos ayunos, en frío y desnudez» (2 Co 11.23–28).

Pablo reclamó autoridad sobre sus comunidades a base de su experiencia visionaria, su llamamiento apostólico, su obra como fundador de iglesias, sus sufrimientos y la palabra del Señor.

Las cartas de Pablo fueron los primeros documentos cristianos en circular como sagrada escritura entre los cristianos de finales del primer siglo y principios del segundo. Varios factores llevaron las cartas de Pablo a este nivel de autoridad canónica. Un primer detalle fue que Pablo había sido el gran misionero, padre de muchas de las principales comunidades de cristianos. Un segundo detalle fue la utilidad de estas cartas paulinas para dirimir asuntos prácticos y teológicos. Un tercer factor fue el valor que tomó la autoridad de Pablo luego de que fuera ejecutado por Nerón como mártir en el año 67 d.C. Ahora Pablo no era sólo el gran misionero, apóstol, preso, anciano, modelo, sino que además era un mártir. Su muerte por la causa del evangelio le hizo un personaje de mayor importancia para los cristianos que descendían de su ministerio. Un cuarto factor fue la utilidad del mensaje paulino sobre si los cristianos tenían que observar la Ley judía para ser parte del pueblo de Dios. Pablo había participado de un largo debate afirmando que entre los gentiles la fe en Cristo era suficiente. En el segundo siglo, los cristianos y los judíos entraron en un debate sobre la identidad de ambos grupos. Las cartas de Pablo sirvieron de fundamento para librar al cristianismo de su dependencia de la observancia de la Ley, y para darle una identidad religiosa propia. El cristianismo tuvo ante sí dos caminos: continuar como una secta judía minoritaria u optar por un movimiento mayormente gentil. Las cartas de Pablo funcionaron como la ideología del cristianismo con opción gentil y contrario al camino judeocristiano más rígido y orientado a fundirse con el resto del judaísmo formativo del periodo.

La primera mención de la autoridad de las cartas paulinas la encontramos en un documento de los discípulos de Pedro, II de Pedro 3.15-16: «Y tened entendido que la paciencia de nuestro Señor es para salvación; como también nuestro amado hermano Pablo, según la sabiduría que le ha sido dada, os ha escrito en casi todas sus epístolas, hablando en ellas de estas cosas; entre las cuales hay algunas difíciles de entender, las cuales los indoctos e inconstantes tuercen (como también *las otras Escrituras*) para su propia perdición» (bastardillas mías). Un lector avisado puede ver cómo se articula la autoridad de Pablo. Se le adjudica una sabiduría que le ha sido dada por Dios. Luego se menciona un grupo de sus cartas (epístolas) que se sitúan a la par con las otras Escrituras. II de Pedro señala las cartas de Pablo como parte de las Escritura. Es importante notar que con este reconocimiento, la escuela de los discípulos de Pedro, que también fue martirizado en Roma paralelamente a Pablo, reconoció como Escritura las cartas de Pablo. Pablo era ahora reconocido como autoridad por sus propios discípulos y por los de la escuela petrina.

La próxima mención del cuerpo de cartas de Pablo la encontramos en la controversia de Marción, un cristiano heterodoxo, con el cristianismo mayoritario que conformó la ortodoxia (literalmente la doctrina correcta) a mediados del segundo siglo. En el año 144, Marción publicó un prototipo del Nuevo Testamento en Roma que incluía 10 cartas de Pablo y un evangelio que era una versión corregida del de Lucas. La lista de las cartas paulinas en el canon de Marción incluía Corintios, Romanos, Gálatas, I y II de Tesalonicenses, Filipenses, Efesios, Colosenses y Filemón. Marción alegaba que Efesios era la carta aludida en Colosenses como a los laodicenses (Col 4.16). No incluyó las cartas Pastorales—I y II de Timoteo, Tito—ni Hebreos, porque muy posiblemente las pastorales habían sido escritas recientemente, y porque Hebreos no era aceptado como un documento paulino. Marción nunca hubiera aceptado a Hebreos en la lista de cartas paulinas, pues para él el Antiguo Testamento no era un libro aceptable para los cristianos, y Hebreos es un comentario a varios pasajes del Antiguo Testamento.

El canon de Marción es atestiguado independientemente en fuentes sirias y en manuscritos latinos. Esto implica que Marción recibió de las comunidades paulinas este cuerpo de cartas que ya estaban circulando a principios del segundo siglo. Podemos concluir a base de la evidencia en los manuscritos y el canon de Marción que a principio del segundo siglo ya había un cuerpo de cartas de Pablo que incluía 10 de las cartas que se le adjudican al apóstol de los gentiles.

En el orden del canon actual, Pablo no llega a nosotros primeramente por sus cartas. Pablo es presentado, primeramente, por el libro de Hechos. Uno de los personajes principales de Hechos es Pablo. En tres ocasiones, el autor de Hechos nos presenta la revelación del Cristo Vivo a Pablo (Hch 9, 22, 26). Más de la mitad de Hechos trata del ministerio misionero de Pablo (Hch 9, 13–28). El autor de Hechos es un discípulo de Pablo que aparentemente no posee sus cartas. Esto lo sabemos por la distancia teológica que hay entre el Pablo de las cartas y el Pablo de Hechos. El autor de Hechos sabe que Pablo ha sido el gran misionero fundador de iglesias entre los gentiles. El Pablo de Hechos parece más obediente a la Ley judía (Hch 21.17–26) que el de las cartas (Gá 2). Así, en Hechos 16 Pablo circuncida a Timoteo; pero en Gálatas 2, Filipenses 3 y lo esencial de Romanos, hay una discusión sobre la libertad de los cristianos de los ritos que marcaban a las personas como judíos (vea Gá 5.1–11). Aunque Pablo discute el asunto de la misión gentil en Hechos, en el diálogo con Santiago (Hch 21.17–27) se somete a un rito de purificación en el templo para que todos comprendan que «no hay nada de lo que se les informó acerca de ti, sino que tú también andas ordenadamente, guardando la Ley» (Hch 21.24). El autor de Hechos hace que los conflictos entre Pablo, Pedro y Santiago (véase Gá 2) se presenten como algo resuelto. La visión de la relación entre los grandes apóstoles, que parece muy tensa tanto en Gálatas 2 como en Santiago 2, se presenta como resuelta en el relato de Hechos. Así, cuando el lector lee los conflictos en las cartas, ya ha sido encaminado para que crea que estos conflictos se armonizaron eventualmente. Esto es lo que sucedió en la iglesia de Lucas-Hechos: los grandes conflictos entre los judeocristianos y la misión paulina se negociaron en un acuerdo salomónico (Hch 15.28, 29). Los judeocristianos aceptaron un cristianismo sin circuncisión, y los discípulos de Pablo y otros gentiles aceptaron las reglas sobre lo ahogado, la sangre, la inmoralidad sexual y el culto pagano. Este tipo de acuerdo entre la iglesia paulina y las comunidades de Pedro y Santiago es lo que está detrás del Nuevo Testamento. Varias generaciones después de los conflictos entre los cristianos originarios, la ortodoxia vino a ser el acuerdo entre estos sectores que formaron el cristianismo ortodoxo del segundo siglo. Este tipo de acuerdo lo vemos también en Juan 21 entre los discípulos del Discípulo amado y Pedro, y en II de Pedro (3.15), entre la escuela petrina y Pablo. Sólo queda en el aire el conflicto entre Santiago y Pablo (véase Gá 2, Stg. 2); pero Lucas lo resuelve en Hechos 21.

Una mirada a las cartas de Pablo tal como están organizadas en el canon nos da una pista de la intención del proceso canónico. Las cartas circularon en dos versiones, una organizada por fecha de publicación, y otra por tamaño. El criterio que prevaleció fue el del tamaño, de mayor a menor extensión. La carta que encabeza el cuerpo de cartas paulinas es una de las últimas cartas que escribió el Apóstol—Romanos. Allí se clarifican los conceptos fundamentales de la teología paulina sobre la salvación, la cultura judía y el cristianismo, y una serie de consejos morales, que incluyen las instrucciones sobre cómo abordar la relación del cristianismo con las autoridades políticas (Ro 13.1–7).

La segunda carta que se presenta en el corpus paulino es I de Corintios. I de Corintios es un popurrí de consejos del Apóstol sobre problemas y preguntas de la vida diaria, la ética y el culto. Una de las fórmulas que usa el Apóstol para responder a los dilemas de los corintios es la frase «en cuanto a... » (1 Co 7.1; 8.1; 12.1). Esta respuesta a asuntos como la sexualidad, el matrimonio, los alimentos sacrificados a los ídolos, la Cena del Señor, el orden litúrgico, los dones del Espíritu y la resurrección han sido lugar obligatorio para los cristianos a través de los siglos. I de Corintios ha sido un documento fundamental en la definición de la identidad cristiana en asuntos éticos y del diario vivir.

II de Corintios es muy posiblemente una antología de fragmentos paulinos. Los eruditos en su mayoría piensan que hay entre dos a cinco fragmentos en la carta conocida como II de Corintios. Un tema medular en todos estos fragmentos es el de los sufrimientos del ministerio apostólico. Esta presentación del sufrimiento apostólico ha servido de consuelo por todos los que hemos tenido que manejar los conflictos de una congregación.

Gálatas es la cuarta carta que presenta el corpus paulino. Ha sido conocida como el tratado de la libertad cristiana, porque en esta carta Pablo entra en una discusión detallada y apasionada de la libertad que tienen los cristianos gentiles de las observancias de la cultura judía (Gá 5.1–10).

Quienes formaron el canon nos han presentado como la quinta carta paulina a Efesios. Los manuscritos de mayor autoridad no tienen la palabra «Éfeso». Parece ser más bien una carta general. Desde Erasmo de Rotterdam en 1516 se ha sospechado que Efesios es una carta muy paulina, pero escrita por alguno de sus discípulos más cercanos. La prosodia, lenguaje, sintaxis, partículas del idioma y algunos temas son distintos a los que encontramos en Gálatas. La dependencia literaria de Colosenses muestra que los discípulos de Pablo que escribieron Efesios tenían a Colosenses en la mano. El tema sobre la salvación de los gentiles por pura gracia como la revelación del misterio que le había sido revelado al Apóstol es coherente con la predicación de éste. Las enseñanzas sobre los esclavos y el patriarcado (Ef 5–6) difieren del pensamiento apostólico (Gá 3.27). Algunos eruditos son de la opinión que Efesios se escribió para presentar un Pablo que fuera aceptable para el imperio romano y su visión de la sociedad humana patriarcal y esclavista. Si la carta es de Pablo directamente, nos presenta un desarrollo en su lenguaje y posiciones políticas (Gá 3.27). Si es de sus discípulos, nos presenta un acomodo de la escuela paulina a circunstancias distintas donde se quería establecer legítimamente el cristianismo paulino como un movimiento religioso de ciudadanos que no amenazaban el estatus quo del imperio romano.

Filipenses es el sexto documento paulino. Muchos eruditos piensan que es una antología que tiene entre dos y tres fragmentos de la correspondencia entre Pablo y los filipenses. La ruptura en 3.2–21 es un fragmento relacionado a la gran crisis con los judeocristianos que se atestigua en Gálatas y en Romanos. Filipenses presenta a Cristo y al Apóstol como modelos de sufrimiento de cara a situaciones de hostilidad social. El modelo de humillación de Cristo (Flp 2.5–9) y el de los sufrimientos apostólicos sirven para abordar los sufrimientos de la comunidad (Flp 1.28–30).

Colosenses es el séptimo documento del cuerpo de cartas adjudicadas a Pablo. Los eruditos conservadores afirman que es un documento escrito por Pablo. Ya la introducción de Colosenses afirma que es un documento de «Pablo y el hermano Timoteo» (Col 1.1). Esto podría implicar que el autor que se identifica incluye la posibilidad de que un discípulo de Pablo sea el el escritor principal o un secretario. El lenguaje de Colosenses es bastante distinto a las cartas paulinas indudables. Colosenses tiene 50 palabras que no aparecen en las demás cartas de Pablo (de un total de

431 palabras base). Si a esto le sumamos el estilo de oraciones, con su tono litúrgico, frases largas, acumulación de sinónimos y genitivos, las frases recargadas por formas del verbo (en infinitivo o el participio verbal), y la falta del estilo argumentativo de las grandes cartas paulinas, se añade peso al argumento de que Colosenses es un documento de los discípulos de Pablo. Las enseñanzas sobre los esclavos, las mujeres y el patriarcado, son distintas a las enseñanzas que encontramos en Gálatas y I de Corintios (Col 3.18–4.6). El argumento contra las prácticas de los adversarios teológicos judeocristianos es coherente con la teología paulina (Col 2. 8–23).

La octava carta paulina es I de Tesalonicenses. Posiblemente, es la carta más antigua de nuestro apóstol. Pablo se presenta con el lenguaje de legitimación de un maestro auténtico (1 Ts 2.1–12). Las enseñanzas medulares tienen que ver con la esperanza de la parusía (venida de Cristo semejante a las visitas de los emperadores a las distintas regiones del imperio) y el problema de los creyentes que estaban muriendo antes de su llegada. Pablo alega que así como el emperador entraba a las ciudades romanas por los cementerios y luego era su venida (parusía) a la ciudad, así la venida de Cristo (parusía) comenzaría con los muertos en Cristo y luego la iglesia completa participaría de la venida de Cristo como Señor del mundo (1 Ts 4.13–18).

II de Tesalonicenses es la novena carta del cuerpo de cartas paulinas. Es muy parecida a las cartas paulinas auténticas. Para muchos eruditos II de Tesalonicenses es un documento de los primeros discípulos de Pablo. El itinerario sobre los eventos que deben suceder antes de la parusía, es distinto a la esperanza de que la parusía sería en tiempos en que Pablo y la mayor parte de sus discípulos estuvieran vivos (véase 1 Ts 4.17, donde Pablo se incluye entre los vivientes en el momento de la parusía). Lo medular de II de Tesalonicenses es la enseñanza sobre la venida de Cristo. En I de Tesalonicenses, Pablo había señalado que el Señor vendría repentinamente. En II de Tesalonicenses 2.1, se corrige la enseñanza de un grupo que señala que el Señor ha venido ya (en aoristo en griego). La carta señala que la venida de Cristo no puede suceder hasta que se cumpla un itinerario apocalíptico (2 Ts 2.1–12). El itinerario apocalíptico, sin embargo, ve a Roma como hija de la iniquidad. Esto parece incongruente con Romanos 13.4, donde el imperio es un ministro (diacono) de Dios. Por esta razón, algunos eruditos señalan que II de Tesalonicenses es un documento de los discípulos de Pablo. Hasta ahora, ésta es una cuestión abierta que debemos contemplar sin asumir una posición rígida. Me parece muy saludable el consejo de II de Tesalonicenses a los entusiasmados irracionales con la venida de Cristo que han abandonado sus responsabilidades con la vida: «Si alguno no quiere trabajar, que tampoco coma» (2 Ts 3.10). El punto se debe tomar metafóricamente. Cualquiera que deje de estudiar, o de trabajar o de cumplir con sus responsabilidades porque Cristo viene pronto, no ha entendido bien el mensaje del evangelio.

Las Cartas Pastorales hacen los números 10, 11 y 12 en el corpus paulino. Estas cartas las discutiremos en el próximo capítulo. Valga anticipar que en el proceso canónico fueron un tercer grupo de documentos de los discípulos más tardíos de Pablo.

El documento 13 del corpus paulino es Filemón. Es una carta breve a un cristiano que poseía un esclavo, Onésimo, que se había convertido ante la predicación del Apóstol. Nos muestra la gran inteligencia emocional del Apóstol. Pablo usa un gran repertorio retórico para pedirle a Filemón que manumita a Onésimo. Para Pablo, la fe cristiana no sostiene que un creyente tenga a un hermano en la fe bajo la esclavitud. Pablo lo articula con este cuidado en las comunicaciones: «Quizá se apartó de ti por algún tiempo para que lo recibas para siempre, no ya como esclavo, sino como más que esclavo, como hermano amado, mayormente para mí, pero cuánto más para ti, tanto *en la carne* como en el Señor» (Flm. 1.15–16, bastardillas mías). Nótese que el desafío que Pablo le presenta a Filemón es que Onésimo sea un hermano no sólo en el Señor, sino en la carne, esto es, en las relaciones sociales. Obviamente, en el canon actual, Filemón viene después de Efesios, Colosenses, y las Cartas Pastorales. Por lo tanto, la lectura que el canon actual trata de imprimir es que Pablo quiere que se perdone a un esclavo fugitivo y se le reciba nuevamente como esclavo de la casa de un amo cristiano. Si uno separa a Filemón de Efesios, Colosenses, las Cartas Pastorales, y le hace caso al sentido estricto del texto, puede llegar a la conclusión de que Pablo está solicitando la manumisión de Onésimo como un asunto cristiano. Desde luego, Pablo no está abogando por la emancipación de todos los esclavos en el imperio romano. Pero es sólo por la ética basada en la inminente parusía (1 Co 7.17–31). Si esta interpretación de Filemón es aceptada por nuestros lectores, entonces estamos ante una epístola paulina muy radical en términos de la práctica social en su contexto original que nos cuestiona nuestra visión sobre la relación entre la fe y los derechos humanos. El texto sirve como espejo para criticar nuestras posiciones endebles frente a las experiencias de opresión.

El último documento atribuido a Pablo en el proceso canónico fue Hebreos. Este documento lo discutiremos con más detalle en un capítulo más adelante. Es evidente que Pablo no es el autor de Hebreos, debido a que este documento es disimilar en casi todo respecto a las cartas paulinas auténticas. Hebreos ni siquiera parece ser un documento de los discípulos de Pablo. Sí tiene, sin embargo, una función canónica medular: presentar un Pablo no marcionita.

De este resumen de las cartas paulinas podemos inferir varias cosas. La mayor parte de los eruditos bíblicos son de la opinión que el cuerpo de cartas paulinas contiene cartas de Pablo, otras de sus discípulos más cercanos y más tardíos, y otras de otros escritores de distinta posición teológica. El corpus paulino nos presentó al Apóstol y sus discípulos hasta temprano en el segundo siglo. Si todo esto es correcto, las cartas atribuidas al Apóstol nos muestran la vitalidad de Pablo como maestro y apóstol no sólo en sus cartas. La voz de los discípulos de Pablo que siguieron sirviendo a las comunidades paulinas como intérpretes del Apóstol en nuevos tiempos y nuevas circunstancias también es valiosa. Estos intérpretes de Pablo nos enseñaron que una lectura correcta de la Biblia tiene que estirar el sentido del texto hasta nuestra orilla, de manera que la Biblia no se encadene a su contexto histórico, sino que liberada por el Espíritu y los lectores, vuelva a hablarnos una palabra nueva y viva.

En el segundo siglo circulaba una colección de 10 cartas de Pablo que no incluía las Cartas Pastorales ni Hebreos. Ya a principios del tercer siglo la colección de las cartas de Pablo incluía las Cartas Pastorales. Hebreos fue el libro que más tardíamente entró al corpus paulino—y posiblemente al canon del Nuevo Testamento. Fue en el cuarto siglo que Hebreos fue aceptado tanto en la iglesia de Occidente como en Oriente. Durante el tercer siglo parte de la iglesia atesoró a Hebreos como un documento de valor canónico. Desconociendo al autor, se lo adjudicaron a Pablo. En el cuarto siglo, el corpus paulino quedó finalizado como un cuerpo de 14 documentos tales como los que encontramos en nuestro Nuevo Testamento hoy.

Cualquiera que tenga sensibilidad con la numerología en el judaísmo notará que esto es el múltiplo de 7 por 2. Siendo siete el número perfecto en la numerología judía, el canon señalaba el corpus paulino como una revelación completa de la palabra de Dios en superlativo.

Las cartas Pastorales y el corpus paulino

Capítulo 14

Les llamamos «cartas Pastorales»—o sencillamente las «Pastorales»—a I y II de Timoteo y Tito. Se les llama así, porque abordan asuntos de la administración de las comunidades paulinas, y presentan un gobierno de obispos, presbíteros y diáconos como medida para enfrentar la heterodoxia incipiente en el cristianismo. Ha habido un intenso debate en la academia sobre los orígenes de las Pastorales. El consenso mayoritario es que fueron escritas por discípulos de Pablo. Estos discípulos escribieron estos documentos bajo la sombra del Apóstol de los Gentiles, posiblemente una generación después de su muerte.

Las cartas Pastorales se presentan como cartas de Pablo a sus delegados apostólicos Timoteo y Tito. Estos personajes ya los habíamos encontrado relacionados a Pablo en sus cartas (2 Co 8.16) y en Hechos (Hch 16.1ss). El autor de las Pastorales se presenta en continuidad con el apóstol Pablo. Presenta situaciones conocidas en la vida de Pablo tales como: (1) su pasado como perseguidor de la iglesia (1 Ti 1.12–16), (2) el ministerio de Pablo a los gentiles (2 Ti 2.7), (3) la experiencia de encarcelación del apóstol en Roma (2 Ti 1.8,16; 2.9), (4) persecuciones que sufrió el apóstol (2 Ti 3.11), (5) Timoteo y Tito, Lucas, Tíquico, Prisca y Aquila son personajes ya conocidos tanto en Hechos como en las cartas auténticas del apóstol (Hch 16.1; 18.1; 2 Co 8.23; Col 4.14)), (6) el área que se menciona en las Pastorales es similar a la que conocemos por Hechos y las cartas auténticas, tales como Éfeso, Tesalónica, Galacia, ect (2 Ti 4.10). Como hemos visto, hay coherencia teológica con Pablo en estas cartas. Otros temas congruentes con la tradición paulina más antigua son:

(1) un debate algo superficial contra los judeocristianos (Tit 1.10,14–15; 3.9; 1 Ti 1.7–9), (2) justificación por gracia (Tit 3.4–7). Estos materiales nos presentan el rostro paulino de las Cartas Pastorales. Podemos concluir entonces que las Pastorales son documentos de una de las escuelas de los discípulos de Pablo.

Hay otros detalles que nos muestran que las Pastorales contienen desarrollos teológicos más fáciles de explicar si asumimos que fueron escritas luego de la muerte del Apóstol y bajo su sombra. Contra una autoría directa del apóstol hay una serie de argumentos:

El primer argumento es de naturaleza textual. Las Cartas Pastorales no circularon con el cuerpo de cartas paulinas hasta muy tardíamente en el tercer y cuarto siglos. La evidencia textual señala que ni los manuscritos que recibió Marción antes del año 140 d.C., ni P46, un manuscrito de finales del segundo siglo, incluían las Pastorales. El problema se acentúa al ver que en el Canon Muratorio, un documento de principios del siglo cuarto, tampoco se incluyen las Pastorales. Tampoco se encuentran en el papiro Chester Beatty del siglo III. Una explicación para esa ausencia en todos estos manuscritos es que las Pastorales no eran conocidas como parte del cuerpo de cartas de Pablo hasta una fecha posterior.

El segundo argumento es de naturaleza estilística y gramatical. Una mirada a los detalles literarios internos nos muestra que de las 306 palabras bases de las Cartas Pastorales, 102 no aparecen en las demás cartas reconocidas como claramente escritas por el Apóstol. Esta estadística es significativa. Una tercera parte de las palabras que encontramos en las Pastorales no se encuentran en el resto de las cartas adjudicadas a Pablo. Este argumento parte de la premisa de que independientemente de los problemas que un autor confronte su estilo tiende a ser coherente en la parte más básica, el lenguaje. El lenguaje de las cartas Pastorales apunta a una discontinuidad significativa con el lenguaje paulino cuya mejor explicación es que estas cartas son documentos de los discípulos de la escuela paulina luego de la muerte del apóstol.

El tercer argumento es de naturaleza sociológica. El elemento medular para pensar que estas cartas son de los discípulos tardíos de Pablo es la estructura que presentan para administrar la iglesia: obispos, presbíteros y diáconos. Una mirada a I de Corintios 12–14 nos muestra que Pablo todavía estaba lidiando con una comunidad dirigida por el Espíritu. En Corinto no se abordan los conflictos de la comunidad a través de una estructura de liderato oficial. Las Pastorales abordan el problema de la sana doctrina con una estructura de liderato que vigile el depósito de la fe (2 Ti 1.14). Este tipo de liderato de los ancianos y obispos comienza a aparecer en Hechos (Hch 20). Ya en las cartas de san Ignacio de Antioquía la figura del obispo es monárquica. En las cartas de san Ignacio, la palabra «obispo» aparece en 58 ocasiones. Ese mundo donde hay un liderato jerárquico que protege a la comunidad de la falsa doctrina es el contexto sociológico de las Pastorales. En I de Timoteo 1.3–4 se señala que el propósito de esta correspondencia es «que mandaras a algunos que no enseñen diferente doctrina ni presten atención a fábulas y genealogías interminables (que acarrean discusiones más bien que edificación de Dios, que es por fe).»

La naturaleza pospaulina de las Pastorales se puede inferir de los conflictos que se dirimen en las estas cartas. Los conflictos que se debaten en las Cartas Pastorales tienen una mejor explicación en el contexto de los problemas de los cristianos a principios del segundo siglo. El debate parece ser con discípulos de Marción, con otros discípulos de Pablo, como los que escribieron Los Hechos de Pablo y Tecla, y con el gnosticismo incipiente.

Varios ejemplos en el pensamiento de los heterodoxos de principio del segundo siglo nos bastan. Los cristianos que seguían a Marción creían que había dos dioses, el revelado a los judíos, y el Dios de gracia revelado en el Evangelio. En oposición a esto, las Cartas Pastorales afirman que sólo hay un Dios (1 Ti 2.5). En las comunidades marcionitas había mujeres en el liderato. En las obras de Tertuliano a finales del segundo siglo d.C. se mencionan ancianas (presbíteras), obispas y diaconisas en las comunidades de fe que seguían la postura de Marción. Otro grupo con mujeres en el liderato era el montanismo. El montanismo, un movimiento carismático de la segunda mitad del segundo siglo, creía que el fin de los tiempos era inminente. El montanismo es reconocido por el liderato de sus figuras proféticas femeninas. Otros discípulos de Pablo, como los que escribieron los Hechos de Pablo y Tecla, aceptaron el liderato de las mujeres como algo natural dentro del cristianismo. Tecla se presenta como una misionera que ha optado por el celibato y ha sido bautizada por Dios mismo. Pablo tiene que comisionarla para que sea misionera. Así mismo, la literatura del gnosticismo que hemos encontrado en Nag Hammadi en 1945, nos presenta el liderato de una mujer del primer siglo, María Magdalena. La Magdalena es una figura apostólica de primer orden en esta literatura. Inclusive, el evangelio de Juan (Jn 4 y 20) y las cartas auténticas de Pablo, contienen alusiones a mujeres en el liderato (Rm 16; Flp 4) que nos permiten inferir que originalmente las mujeres tenían un rol preponderante en el liderato de los cristianismos. Contra este tipo de cristianismos que incluían abiertamente a las mujeres, las Cartas Pastorales usan el nombre del gran apóstol de los gentiles para silenciar a las mujeres (1 Ti 2.11).

Una tercera dimensión que también parece dirigida a combatir el marcionismo es la enseñanza sobre el matrimonio. El marcionismo y el gnosticismo se distinguieron por prohibir el matrimonio de los bautizados. El marcionismo, al igual que el gnosticismo, y los discípulos de Pablo que produjeron los Hechos de Pablo y Tecla, veían la sexualidad como algo peligroso. Para los gnósticos, la sexualidad era el medio para pasar el pecado de una generación a otra. En los Hechos de Pablo y Tecla, el matrimonio de las mujeres es el mecanismo para subordinar a éstas al orden patriarcal. El celibato es la única manera de una mujer alcanzar igualdad con los varones. Allí se nos presenta a Tecla como una mujer que estaba comprometida para contraer matrimonio cuando escuchó a Pablo por primera vez. Su conversión y vocación religiosa la llevan a decidir por la soltería a pesar de que su madre y su prometido la delatan a las autoridades, las cuales le hacen todo tipo de hostigamiento y violencia para que se conforme al orden social prevaleciente. Tecla decidió dedicarse a la misión cristiana. Para esto necesita quedarse soltera. Este tema de la soltería se repite en el marcionismo y en los grupos gnósticos que emergían a mediados del segundo siglo. Contra este tipo de comprensión de la fe cristiana, las Pastorales señalan que «algunos apostatarán de la fe, escuchando a espíritus engañadores y a doctrinas de demonios, de hipócritas y mentirosos, cuya conciencia está cauterizada. Estos *prohibirán casarse*» (1 Ti 4.1–3; bastardillas mías). Respecto al matrimonio, las Pastorales recomiendan que los obispos y los diáconos sean casados (1 Ti 3.1.12). Contra esta posición sobre el matrimonio en aras de dar autonomía a las mujeres que compartían algunos grupos cristianos del segundo siglo, las cartas Pastorales señalan que las mujeres se salvarán «engendrando hijos» (1 Ti 2.15). El énfasis de las cartas Pastorales en este respecto es tal, que subrayan el deseo de que en las comunidades paulinas las viudas jóvenes se casen (1 Ti 5.14).

Otro detalle que muestra la polémica de las cartas Pastorales contra estos otros grupos que se presentan como los herederos legítimos del apóstol de los gentiles es la enseñanza sobre el uso del vino. Los marcionistas sólo participaban de la eucaristía con agua. Las cartas Pastorales recomiendan a Timoteo que beba un poco de vino (1 Ti 5.23).

Contra la visión del marcionismo de que el Antiguo Testamento era un libro que no tenía autoridad para los cristianos, las Pastorales señalan que la Ley es buena (1 Ti 1.8). Cuando en II Timoteo 3.15 y 16 se señala que «[t]oda Escritura es inspirada por Dios...», se refiere al Antiguo Testamento, que los marcionitas rechazaban como libro de un demiurgo (un dios menor). Es posible que la referencia en I de Timoteo 6.20 a los argumentos (en griego, antítesis) sea una referencia a otra obra conocida en el segundo siglo y que publicó Marción con el nombre de Antítesis.

Esta información acumulativa en las Pastorales nos lleva a concluir que son documentos relacionados a los problemas de los cristianos a principios del segundo siglo y, por lo tanto, documentos de un grupo de los discípulos de Pablo en esa fecha. Las Pastorales fueron una de las armas contra la clave hermenéutica con que el marcionismo había interpretado a Pablo. Bauer, un gran erudito alemán del siglo XX, señala que las cartas Pastorales cumplieron una función vital en la pugna por la identidad cristiana en el segundo siglo: «me inclino a ver las epístolas Pastorales como un intento de parte de la iglesia de enlistar sin ambigüedad a Pablo como parte de su frente antiherético y eliminar la falta de confianza en él en círculos eclesiásticos. ...El precio que el Apóstol a los gentiles tuvo que pagar para permanecer en la iglesia fue rendir su personalidad y particularidad histórica» (Bauer, 226–227).

A manera de conclusión, las cartas Pastorales se fundamentan en una imagen del gran apóstol a los gentiles. Lo presentan como el misionero a los gentiles, perseguidor de la iglesia en otro tiempo, una persona llamada a esta vocación apostólica. Pablo se presenta como una persona que ha sufrido por la fe, y como preso por esta fe en Roma. El Pablo de las Pastorales les escribe a dos de sus discípulos conocidos en las cartas auténticas. Lo novedoso es que este Pablo dirime problemas del segundo siglo. Una de las escuelas de los discípulos de Pablo, a la sombra del apóstol, ha dado continuidad a la figura de éste en la nueva situación, y en los nuevos desafíos para la fe a principios del segundo siglo. La figura del apóstol es utilizada por sus discípulos librándola de las cadenas del tiempo y la vida natural. Las cartas Pastorales se presentan como una relectura a nombre de Pablo para dar una respuesta auténtica a los nuevos desafíos para la fe cristiana en una nueva situación.

Hebreos como documento paulino

Capítulo 15

La canonicidad de Hebreos fue muy debatida. Orígenes, un gran erudito de finales del segundo siglo y principios del tercero, fue el primer autor en cuestionar abiertamente que Hebreos fuera un documento paulino. En sus homilías sobre la Epístola a los Hebreos, comentaba que «la dicción en Hebreos no tiene la calidad ruda que el mismo apóstol admitía tener, y su sintaxis es más griega. ...Si alguna iglesia considera que esta epístola es de Pablo, debería ser elogiada por ello, porque los varones antiguos nos la transmitieron como suya. Pero *sólo Dios sabe quien escribió esta epístola*» (Historia eclesiástica 6.25; bastardillas mías).

Orígenes catalogó los libros del Nuevo Testamento en dos grupos: (1) los indiscutibles y (2) los dudosos. Los dudosos eran obras que no eran reconocidas por las comunidades de fe de mucho poder y autoridad. Hebreos cayó entre los libros dudosos, ya que en las iglesias de Occidente este libro fue cuestionable hasta el cuarto siglo.

En el siglo cuarto, Atanasio, un teólogo y obispo de Alejandría, incluyó a Hebreos en su carta pascual del año 367. Esa carta es la primera lista que concuerda exactamente con la nuestra de hoy. Allí Atanasio dice lo siguiente sobre las cartas de Pablo: «Tampoco debemos vacilar al nombrar los libros del Nuevo Testamento. Son los siguientes: ...hay catorce epístolas del Apóstol Pablo que son las siguientes: ...y la dirigida a los Hebreos...» De ahí en adelante, Hebreos fue admitido en el canon del Nuevo Testamento no sólo en el Oriente, sino también en Occidente.

El problema esencial con Hebreos era la diferencia en estilo y contenido de cara al resto del cuerpo de cartas de Pablo. El autor de

Hebreos se mantiene anónimo en el documento. En términos de estilo, el documento es distinto a las cartas auténticas de Pablo. En términos de contenido, los temas Paulinos conocidos, tales como la justificación por la fe, su cristología, el tema del Espíritu, su forma de ver la iglesia, no aparecen en Hebreos. La frase «Cristo Jesús», que aparece 96 veces en las cartas paulinas, aparece una sola vez en Hebreos (13.8). La resurrección, que es un elemento primario en la teología de Pablo, se menciona una sola vez en Hebreos. Pablo alega que el evangelio que él recibió fue por revelación (Gá 1.1ss); pero el autor de Hebreos alega que la fe que él ha recibido «nos fue confirmada por los que la oyeron» (He 2.3).

En términos sustantivos, lo que hay que hacer es mirar los contenidos de Hebreos. En Hebreos aparecen elementos completamente nuevos tales como, Melquisedec, el tabernáculo de Moisés, la preocupación por los aspectos cúlticos del tabernáculo, la ausencia del tema de la salvación de los gentiles, el énfasis en la salvación a través del sistema de santidad y no como parte del sistema de justicia. Estas diferencias sustantivas apuntan a que el autor de Hebreos no parece ser ni siquiera un discípulo de Pablo.

El autor de Hebreos se presenta como un teólogo por mérito propio que representa otra trayectoria en el cristianismo primitivo. Del autor de Hebreos, que se presenta implícitamente dentro del contenido de la obra, podemos decir varias cosas. Lo primero que notamos es que maneja el griego perfectamente. Las oraciones en Hebreos no sufren de la fragmentación en la composición que muchas veces encontramos en las cartas de Pablo. Se presentan oraciones subordinadas, yuxtapuestas con gran maestría en la sintaxis del griego coiné. No hay frases de una transición sesgada de un tema a otro como encontramos en las cartas paulinas. Un segundo elemento es el lenguaje específico de Hebreos. En Hebreos hay 157 palabras que no aparecen en el corpus paulino. El griego de Hebreos tiene un peso aticista—uso del griego ático o de Atenas—que no encontramos en las cartas paulinas. Un tercer elemento es la cuestión retórica estructural. En contraste con Pablo en sus cartas auténticas, hay un plan conjunto en el documento. Otro elemento que podemos mencionar del autor de Hebreos es que maneja una interpretación de la fe cristiana basada en el sistema de pureza del judaísmo. La interpretación del sistema de pureza está en clave de la filosofía helenística, específicamente del neoplatonismo con su contraste entre la realidad y la sombra. La interpretación del autor es similar a la que hicieron del judaísmo Filón de Alejandría y la escuela de Alejandría. De esta información podemos inferir que el autor de Hebreos es un judeocristiano helenista de refinamiento retórico.

Hebreos entró al canon como un documento del apóstol Pablo, porque uno de los criterios para entrar al Nuevo Testamento era que el escrito fuera apostólico, esto es, tuviera como origen a un apóstol o uno de los discípulos de los apóstoles. Hebreos era un documento tan rico teológicamente, que se le adjudicó a Pablo para entrarlo al Nuevo Testamento. La calidad retórica y teológica de Hebreos le había forjado un lugar en el corazón del cristianismo. El capítulo 13 de Hebreos mostraba una relación con personajes de las comunidades paulinas. Se menciona a Timoteo y hay una parte de saludos y despedida muy similar a las cartas paulinas en general. Este último capítulo fue medular en el proceso de relacionar a Hebreos con Pablo como su supuesto autor.

La razón principal para relacionar a Hebreos con Pablo fue la lucha contra Marción. Hebreos conecta la Ley y los Profetas y el Dios de Israel en una relación de promesa y cumplimiento con el evangelio de Jesucristo. Si este tipo de pensamiento se le podía adjudicar a Pablo explícitamente, entonces el cuerpo de cartas de Pablo a finales del segundo siglo hacía del Apóstol un antimarcionita. Marción no creía en la autoridad de la Biblia hebrea, ni en la continuidad entre la revelación a Israel y la revelación dada por Jesucristo. Desde las mismas primeras frases de Hebreos había un señalamiento antimarcionita explícito: «Dios habló a los antiguos por los profetas y en estos tiempos nos ha hablado por el Hijo» (He 1.2). Hebreos creía en las Escrituras de Israel y relacionaba a Dios tanto con los Profetas como con el Hijo (Jesucristo). El resto del contenido de Hebreos era un tipo de comentario (midrash) a la Ley y los Profetas. En la práctica, Hebreos negaba la interpretación e imaginario marcionita sobre Pablo.

Aunque Hebreos se escribió para abordar el desánimo de un grupo de cristianos (He 6.1–4), fue un documento muy útil en la pugna contra el marcionismo. Al adjudicar Hebreos a Pablo, éste se presentaba como antimarcionita. Hebreos fue añadida al corpus paulino, entre otras razones, porque de ese modo el cristianismo canónico podía presentar a Pablo como contrario a la negación de la Ley y los Profetas que era el fundamento del marcionismo. El «Pablo de Hebreos» mostraba explícitamente una continuidad con el Antiguo Testamento, y era un creyente en el Dios de Israel y en las tradiciones canónicas del judaísmo. Con esto, el cristianismo paulino del segundo siglo construía un «Pablo» que contrarrestaba la imagen de Pablo que el marcionismo había articulado.

Las cartas universales y su función canónica

Capítulo 16

L as cartas universales (o católicas) son tres cartas adjudicadas a Juan (I, II y III de Juan), una que lleva el nombre de Santiago, otra el de Judas, y dos más adjudicadas a Pedro (I y II de Pedro). En la tradición de los manuscritos, desde finales del segundo siglo hasta el cuarto siglo, estas cartas aparecen en una colección junto al libro de Hechos. Estas cartas, Hebreos y Apocalipsis fueron los libros que más tardíamente entraron al canon del Nuevo Testamento. Es sólo desde el tercer siglo en adelante que encontramos en los manuscritos copias de estos documentos.

La información sobre las cartas universales comienza a aparecer ya a finales del segundo siglo. Ireneo en su obra *Contra los herejes* cita a I de Juan y I de Pedro como documentos canónicos. En una discusión sobre los gnósticos y la primera carta sobre Juan, Ireneo señala: «Juan, el discípulo del Señor,... da testimonio en su epístola: "Hijitos, esta es la última hora. Oísteis que el Anticristo había de venir, pues bien, muchos anticristos han venido: por eso sabéis que es la última hora. Salieron de entre nosotros, pero no eran de nosotros; pues si hubiesen sido de nosotros, habrían permanecido con nosotros; pero para que se manifieste que no son de los nuestros. Sabéis que toda mentira es ajena a la verdad. ¿Y quién es el mentiroso, sino el que niega que Jesús es el Cristo? ¡Éste es el Anticristo!"» (Contra los herejes 3.2.6) Estas palabras son una cita de I de Juan 2.18–19. Tenemos así mismo varias citas de I de Pedro 1.8 en esta obra de Ireneo (4.9.2). Ireneo no cita ni alude a II y III de Juan, Santiago, II de Pedro, Judas, ni Hebreos.

A principios el tercer siglo, en *Contra Marción*, incluye a I de Juan y I de Pedro en la controversia contra las enseñanzas de Marción. En su obra *Sobre el vestido de las mujeres*, cita a Judas como un libro de autoridad canónica. No hay citas de Santiago, II y III de Juan, II de Pedro en los escritos de Tertuliano.

Cipriano, un cristiano que fue martirizado en el año 258 d.C. en Cartago, tenía entre sus obras del Nuevo Testamento los evangelios, Hechos, doce cartas de Pablo, I de Juan, I de Pedro y Apocalipsis. No hace alusiones a Santiago, II de Pedro, II y III de Juan y Judas.

Eusebio de Cesarea señala que en el tiempo de Tertuliano e Ireneo, en Alejandría, Clemente usaba como Escritura sagrada a I de Pedro, I y II de Juan, y Santiago. Nótese que Clemente incluye por primera vez a II de Juan en el cuerpo de obras con autoridad para la fe cristiana.

Ya en tiempos de Orígenes (principios del tercer siglo d.C.) se conocía la nomenclatura «Nuevo Testamento» para el canon: «...lo que creemos ser las divinas Escrituras tanto del Antiguo Testamento, como dice la gente, como del Nuevo Testamento, como se ha dado en llamar» (*De los principios* 4.1.1). Orígenes es el padre de la distinción entre libros indiscutibles (en griego *homolegúmenos*, esto es, que son confesados), disputados (en griego *antilegumena*, esto es, contradecidos, disputados), y los libros no reconocidos (en griego *nothoi*, esto es, ilegítimo). Orígenes incluía entre los libros confesados por la mayoría los cuatro Evangelios, Hechos, trece epístolas paulinas, I de Pedro, I de Juan y Apocalipsis. Orígenes catalogó entre libros disputables a II de Pedro, II y III de Juan, Santiago y Judas.

Eusebio de Cesarea, el gran historiador cristiano del cuarto siglo, se une a Orígenes en este sistema de clasificación de libros indisputables, dudosos e ilegítimos. Para Eusebio, los libros reconocidos ampliamente son los Evangelios, Hechos, las Cartas de Pablo, I de Juan, I de Pedro y Apocalipsis. Entre los libros disputados, Eusebio menciona «la supuesta Epístola de Santiago y la de Judas, la segunda Epístola de Pedro y las supuestas segunda y tercera de Juan, tanto si son del evangelista como si pertenecen a otra persona con el mismo nombre» (*Historia eclesiástica* 3.25). Nótese que esta opinión de Eusebio es del cuarto siglo, cuando ya no es un delito ser cristiano, ni publicar copias del Nuevo Testamento.

Los manuscritos en letra mayúscula del cuarto siglo muestran que las cartas universales fueron tomando mayor autoridad en este tiempo. En el manuscrito Sinaítico encontramos los evangelios, Hechos, las cartas de Pablo, incluyendo a Hebreos, Hechos y Santiago, I y II de Pedro, I y II de Juan, Judas y Apocalipsis.

El manuscrito Vaticano del siglo IV incluye los Evangelios, Hechos, Santiago, I y II de Pedro, I, II, III de Juan, Judas, y las cartas de Pablo hasta Hebreos 1.14 donde se interrumpe el manuscrito.

El manuscrito Alejandrino del quinto siglo incluye los cuatro evangelios, Hechos, Santiago, I y II de Pedro, I, II , III de Juan, Judas y las cartas paulinas. Incluye adicionalmente el Apocalipsis y I de Clemente.

En la pascua del 367, Atanasio, obispo de Alejandría, envía una carta sobre el canon. En la misma se hace un listado de los libros del Nuevo Testamento que incluye los Evangelios, Hechos y las «siete epístolas católicas, tal como siguen; una de Santiago, dos de Pedro, tres de Juan y, por último, una de Judas».

Ya a principios del quinto siglo, Crisóstomo, obispo de Constantinopla, incluye las epístolas católicas y Apocalipsis en sus reflexiones. Crisóstomo fue posiblemente, el que acuñó el concepto Biblia para referirse a los libros del Antiguo y Nuevo Testamento.

Fue en los Concilios de Hipona (393) y Cartago (397) que se estableció claramente el canon del Nuevo Testamento que poseemos: «Y posteriormente se decidió que no se leería nada en la iglesia bajo el nombre de las divinas Escrituras excepto los escritos canónicos. Los escritos canónicos, por tanto, son los siguientes: Del Nuevo Testamento: los cuatro Evangelios, el libro de Hechos de los Apóstoles, las trece epístolas del Apóstol Pablo, la dirigida a los Hebreos, del mismo, dos del Apóstol Pedro, tres de Juan, una de Santiago, una de Judas, el Apocalipsis de Juan, un libro».

En cuanto a las epístolas universales, la mejor explicación de su ascenso a nivel canónico nos los legó Jerónimo, el gran biblista de finales del cuarto siglo y principios del quinto. Según Jerónimo, estos documentos entraron al canon «poco a poco con el transcurso del tiempo» (*De Viris Illust.* 2.4).

En la tradición de los manuscritos del cuarto siglo, las cartas universales venían acompañadas del libro de Hechos. Esto ya nos da una pista de la perspectiva canónica. Las cartas universales son adjudicadas a figuras apostólicas que son personajes principales del libro de Hechos. El libro de Hechos introduce estos personajes apostólicos que se presentarán en las cartas universales y en las cartas paulinas. El que en la tradición de los manuscritos Hechos aparezca acompañando las cartas universales puede señalar un asunto interpretativo sobre cómo los padres y madres del canon querían que se interpretaran estos textos. Hechos era obviamente la segunda obra de una colección de escritos a un tal Teófilo que ya habíamos encontrado en Lucas (Lc 1.3; Hch 1.1). En el proceso canónico, Hechos fue separado de Lucas y juntado con las epístolas católicas y el corpus paulino. La razón para esto parece ser que Hechos introducía las figuras apostólicas que aparecían en las cartas universales y paulinas. Figuras como Santiago, Pedro, Pablo, Timoteo, y otros cristianos originarios se nos presentan en el relato de Hechos. Con esto, Hechos sirve de introducción narrativa a los documentos que conocemos como cartas universales. Cuando leemos las cartas universales, ya hemos recibido una imagen de estas figuras apostólicas a través del relato de Hechos. Si por casualidad encontramos conflicto entre estas figuras apostólicas en sus cartas, el relato de Hechos las armoniza dentro de una sola historia misionera dirigida por el Espíritu Santo (Hch 1.8). De esta manera, Hechos sirve como filtro armonizador de una imagen de una iglesia antigua que tenía profundos conflictos teológicos, pero cuya historia Hechos ha armonizado. Hechos resuelve en su relato estos conflictos, de manera que los personajes que en las cartas muestran tensión con el cristianismo paulino, en el relato de Hechos articulan posiciones reconciliadas, e inclusive contrarias a las que aparecen en las cartas. Así, en Hechos, Santiago está a favor de la misión a los gentiles sin la observancia de toda la Ley (Hch 15.13–21) Pablo obedece, y la Ley (Hch 21.18–25).

Esta síntesis que vemos en Hechos repite esta posición armoniosa en I de Pedro. La primera carta de Pedro articula una posición teológica muy similar a la teología de las cartas paulinas. Obviamente, quienes fueron forjando el canon quieren presentar un cristianismo armonioso y que ha resuelto los conflictos que traslucen en las cartas. Esto es parte del criterio de ortodoxia y catolicidad que se quiere proyectar.

Las cartas universales se presentan como documentos de Santiago, el hermano de Jesús (Mc 6.1–3), Pedro, uno de los discípulos principales en los evangelios y en Hechos, Judas, otro hermano de Jesús y de Santiago (Jd 1), y las tres epístolas de Juan, uno de los doce. Obviamente, los autores adscritos a estos documentos muestran la intención canónica de los documentos. El presunto autor adjudicado a estos documentos es un detalle problemático y con valor ambiguo, porque los heterodoxos también usaron los nombres apostólicos para publicar sus obras. A pesar de esto, parece que las cartas universales son documentos relacionados con los apóstoles o sus discípulos próximos.

Un ejemplo de esto es evidente en Santiago. La imagen que cobramos de Santiago a través de su carta es coherente con la información que tenemos de éste por Gálatas (2), Hechos (15 y 21) y Josefo. Santiago era un observante riguroso de la Ley. El documento bajo este nombre consiste en una serie de consejos morales que intentan explicar cómo observar distintas prescripciones de la Ley. Santiago deja bien claro que la audiencia de la carta ha de ser juzgada por la observancia de la Ley (Stg. 2.12). Esto no significa que el Santiago histórico escribiera este documento directamente, pero sí que está escrito bajo la sombra de Santiago.

Santiago era uno de los líderes del cristianismo judeocristiano (Gá 2.12). Según Josefo, Santiago fue martirizado en Jerusalén en el año 62 d.C. En I de Corintios 15, Pablo menciona a Santiago como uno de los que recibió una aparición del Cristo Vivo (1 Co 15.7). Este personaje del cristianismo originario era hermano carnal de Jesús (Mc 6.1–3). Esto le dio gran prominencia como líder en Jerusalén. Tanto en la carta a los Gálatas como en Hechos 15 y 21 uno recibe la impresión de la gran prominencia de Santiago en el cristianismo judeocristiano. En Gálatas, la prominencia de este personaje es tal que Pedro se somete a su entendimiento del sistema de pureza (Gá. 2.12). La carta que poseemos a nombre de Santiago es coherente con los elementos esenciales de una posición fuertemente judeocristiana.

A pesar de toda esta evidencia, Santiago parece ser un documento, no de Santiago mismo, sino de discípulos cercanos a él, posiblemente después de su muerte como mártir. La evidencia para señalar a Santiago como un documento de sus discípulos incluye varios elementos. Primero, el griego que encontramos en Santiago es sorprendentemente bueno, propio de la coiné más culta. Hay figuras del lenguaje en Santiago que tienen rima poética en griego (1.6, 14). Es difícil explicar cómo un judeocristiano que, quizás apenas podía hablar griego, lo haría con las destrezas de un segundo idioma, manejara tan bien el griego con la calidad que encontramos en Santiago. Un segundo detalle es el uso de la Biblia griega en las alusiones. El autor usa la LXX (Biblia griega de los judíos en el mundo grecorromano). Uno esperaría alusiones a lecturas targúmicas (traducciones populares de la Biblia hebrea al arameo) o a textos en alguna relación con el texto hebreo; pero es en vano, pues el texto aludido es la tradición griega. Un tercer detalle es que Santiago tiene elementos típicos de la cultura helenista. Así, la forma del saludo es típica del mundo helenista: *chaire*, esto es, saludos. Dado su carácter judeocristiano, uno se sorprende de que no se use el saludo judío esperado (paz, *shalom*, o *eirene* en griego). Un cuarto detalle es que el texto parece tener una disputa contra una vertiente de la teología paulina. Esto parece implicar un corpus paulino conocido. Si esto es correcto, entonces el discurso de Santiago implica la existencia y circulación de una teología paulina conocida, que en Santiago recibe un discurso de oposición judeocristiana. Esto es más factible en tiempos en que ya circulan ampliamente las cartas de Pablo entre las comunidades de cristianos.

La mejor explicación es que tras la muerte de Santiago, y a la sombra de su creciente autoridad como mártir, sus discípulos produjeron este texto que recogía las enseñanzas más queridas de la tradición judeocristiana, cuyo líder principal había sido Santiago.

Las cartas juaninas fueron cuestionadas en términos del autor desde el mismo principio. Eusebio de Cesarea en la Historia Eclesiástica señala la disputa sobre el autor de estos documentos: «...bien obra del evangelista, bien de alguna otra persona con el mismo nombre» (*Historia eclesiástica* 3.25). En cuanto a este último asunto, Eusebio alega que a principios del segundo siglo se hablaba de dos juanes distintos. «Esto confirma la veracidad de la historia de que hubo dos hombres en Asia con el mismo nombre y que hay dos sepulcros en Éfeso, llamados ambos de Juan hasta el día de hoy» (*Historia eclesiástica* 3.29). Refiriéndose al tercer siglo, Eusebio dice que según Orígenes, Juan había escrito el Evangelio y Primera de Juan y «quizás una segunda y una tercera, aunque estas son muy discutidas» (*Historia eclesiástica* 6.25). No obstante, Eusebio es de la opinión que el evangelio de Juan y I de Juan son del mismo autor: «hay plena armonía entre el Evangelio y la Epístola... El lector cuidadoso encuentra palabras y frases comunes a ambos escritos: la vida, la luz, pasar de las tinieblas, la verdad, la gracia, el gozo, la carne y sangre del Señor, el juicio... En suma, el Evangelio y la epístola tienen las mismas características» (*Historia eclesiástica* 7.25). En el tercer siglo se llegó a un consenso de que el Evangelio y las cartas tenían un mismo autor. La tradición aceptó a Juan como la persona conocida como el Discípulo Amado en el Cuarto Evangelio y le adjudicó tanto el evangelio como las cartas juaninas.

La similitud en el lenguaje y sintaxis de I de Juan con el evangelio juanino, y su discurso contra los gnósticos legitimaron estas cartas (Jn 1.14; 1 Jn 4.1, 2 Jn 7). Un detalle observable es que por lo menos I de Juan subraya la importancia de observar el mandamiento antiguo (1 Jn 2.7). Luego, las cartas juaninas tienen un elemento común con Santiago, la observancia de la ley. Podemos inferir que las cartas juaninas se escribieron bajo la sombra del judeocristianismo. Presentan la posición judeocristiana que combate el docetismo incipiente. El docetismo era un tipo de cristianismo que negaba la humanidad de Jesús. Para estos, Jesús era únicamente una figura divina. Las cartas juaninas presentaron como criterio de ortodoxia la confesión de que Jesús había venido en la carne (1 Jn 4.1; 2 Jn 7). El docetismo, y eventualmente el gnosticismo, presentaron un tipo de cristianismo que negaba la plena humanidad de Jesús. Alegaban que Jesús había aparecido en semejanza a la humanidad, pero que no era humano. La iglesia canónica necesitaba documentos relacionados a los discípulos más antiguos contra esta enseñanza heterodoxa. Las cartas juaninas y el evangelio de Juan llenaron esta necesidad de combatir la enseñanza doceta y la de sus sucesores gnósticos.

La posición tradicional sobre el libro de Judas asume que la información en la introducción del documento es de valor histórico. La introducción afirma que el autor es «Judas, siervo de Jesucristo, y hermano de Jacobo...» (1.1). Según Marcos 6.3, Judas y Santiago—Jacobo—son hermanos de Jesús. Eusebio de Cesarea nos informa que a principios del tercer siglo Clemente de Alejandría consideraba a Judas como un escrito discutido, «también ha incluido evidencia procedente de los escritos discutidos: ... Judas» (*Historia eclesiástica* 6, 13).

La mayor parte de los estudios críticos son de la opinión que Judas es un seudoepígrafo—es decir, que su autor no es Judas. Las razones para esto son varias. En el versículo 17 el autor aconseja que la comunidad tenga «memoria de las palabras que antes fueron dichas por los apóstoles de nuestro Señor Jesucristo». Este dicho se explica mejor si este documento es tardío. No parece razonable que un hermano de Jesús hable de Jesús de esta forma.

El autor de Judas escribe en buen griego, y domina la retórica helenista. Junto a este dominio del griego, el autor hace alusiones al Antiguo Testamento que parecen ser traducciones del texto hebreo más bien que citas de la LXX, y a la literatura apócrifa del Antiguo Testamento.

La alusión a su hermano Santiago hace sentido si el autor es un judeocristiano. Judas se debió escribir para un judeocristianismo bajo la sombra de la autoridad de Santiago el hermano de Jesús. En los párrafos sobre Santiago recalcamos que toda esta alusión a la familia de Jesús tiene vitalidad entre el judeocristianismo. El libro de Hechos y la carta a los Gálatas señalan la autoridad de Santiago como líder del cristianismo judeocristiano. Santiago fue asesinado en el año 62 d.C. en Jerusalén. Luego de su muerte parece que la autoridad entre estos judeocristianos siguió residiendo entre personas de la familia de Jesús.

Es históricamente posible que un hermano joven de Jesús estuviera de líder del judeocristianismo en el mundo helenista luego del año 70. Pero es más factible pensar que Judas se escribió bajo la sombra del judeocristianismo, donde los hermanos de Jesús gozaban de autoridad.

Judas, con su cita de I de Enoc, se nos inscribe en la tradición judeocristiana más cercana a la literatura apocalíptica del judaísmo. No olvidemos que el autor de Judas se presenta como hermano de Santiago. Santiago era el líder del judeocristianismo observante, pero además era hermano de Jesús (Gá. 1.19). El autor de Judas está reclamando derecho a ser sucesor de la autoridad de Jesús. Luego de la muerte de Jesús, su autoridad pasó a Santiago; y luego de la muerte de Santiago, a Judas. No olvidemos que Jesús murió como Mesías judío sin un hijo que le sucediera. Ante esta situación, sus sucesores eran sus hermanos. Esto parece ser obvio en la carta a los Gálatas, donde Pedro está subordinado a Santiago (Gá 2.12). Con Judas tenemos un quinto documento del judeocristianismo en las cartas universales.

I y II de Pedro se escriben bajo el nombre de Pedro. La posición tradicional es que estos son escritos de Pedro. El problema principal de esta posición es que Pedro envía saludos desde Babilonia (1 P 5.13), el nombre que los judíos le dieron a Roma luego de la destrucción del templo en el año 70. Roma, al igual que la antigua Babilonia, había destruido el templo de Jerusalén. Los judíos del período previo a la destrucción de

Jerusalén llamaban a Roma Kitím. Luego de la destrucción de Jerusalén, comenzaron a llamar a Roma «Babilonia» (Ap 17.18). Pedro había sido ejecutado en Roma a no más tardar del año 67. Por lo tanto, Pedro no pudo conocer el título de Babilonia para Roma, porque murió antes de la destrucción del segundo templo. La mejor explicación es que I y II de Pedro son cartas de los discípulos de Pedro luego de la muerte de éste.

Un segundo problema que se ha percibido en I de Pedro es la semejanza de esta carta con las cartas paulinas. Algunos especialistas han pensado que I de Pedro es un documento de la escuela paulina. Aunque esto es posible, hay razones para pensar lo contrario. I de Pedro presenta una imagen armónica entre la teología de Pedro y Pablo. Con esto se abre paso a la autoridad canónica que el judeocristianismo petrino dará a Pablo en estas cartas petrinas. I de Pedro presenta una síntesis teológica y pastoral entre estas dos grandes figuras de mediados del primer siglo, Pablo y Pedro.

El autor de II de Pedro conoce la carta de Judas. El capítulo 2 de II de Pedro parece un calco de Judas. II de Pedro no usa la cita de I de Enoc de Judas, porque posiblemente para este autor el canon de la Biblia hebrea no contiene ese libro. La explicación sobre la moral está fundamentada en alusiones y ejemplos de la Biblia hebrea. De una forma cónsona con I de Pedro, II de Pedro legitima la teología de las cartas de Pablo como Escritura (2 P 3.15). Con esto, el judeocristianismo de la escuela petrina ha reconocido en los escritos de Pablo la misma autoridad de la Biblia hebrea.

II de Pedro, al redactar a Judas, presenta otra voz judeocristiana en el canon. Es por esta posición a favor del judeocristianismo que estas cartas tardaron tanto en entrar al canon. No olvidemos que el marcionismo del segundo siglo intentó suprimir toda relación entre el cristianismo, Israel, el judaísmo y la Biblia hebrea. En el conflicto entre la sinagoga y los cristianos de principios del segundo siglo, el judeocristianismo quedó maltrecho. A pesar de esto, el judeocristianismo tuvo suficiente fortaleza ideológica dentro del cristianismo formativo como para que los documentos judeocristianos alrededor de los nombres de Pedro, Santiago y Judas entraran al canon. I y II de Pedro negocian abiertamente una síntesis ideológica con las cartas de Pablo. Esto nos presenta un atisbo adicional sobre el proceso canónico: la voz judeocristiana tenía mucha autoridad porque la mayor parte de las figuras del cristianismo originario eran judíos. Las iglesias que aceptaron la autoridad de estos documentos eran descendientes de la misión de estas figuras judeocristianas. Las cartas petrinas aceptan la autoridad de las cartas de Pablo como Escritura al igual que las Escrituras de la Biblia hebrea. Con esto, la escuela petrina hace aceptable para el judeocristianismo a la escuela paulina. La escuela petrina ha presentado en I de Pedro a Pedro articulando una posición teológica muy parecida a la de Pablo. En II de Pedro se ha hecho explícita la aceptación de la autoridad de las cartas de Pablo. II de Pedro, al hacer un calco de Judas, ha legitimado la autoridad canónica de Judas. Ahora, Judas, I y II de Pedro son aceptables para el judeocristianismo; pero con la movida a favor de Pablo en las cartas petrinas, toda esta literatura es aceptable para tres grandes bloques en el cristianismo originario: la escuela de Pablo, la de Pedro y la de Santiago y Judas. Se forja una ortodoxia que acepta la voz de los judeocristianos que se pudiera armonizar con Pablo o que legitimara a Pablo abiertamente, que atacara abiertamente al docetismo y al gnosticismo incipiente, y que tuviera sus raíces en la tradición judeocristiana más antigua, posiblemente relacionada con Jesús mismo.

La formación de Apocalipsis y el proceso canónico

Capítulo 17

El libro de Apocalipsis ha fascinado a lectores por los últimos dos mil años. Sea por que sirva para dar consuelo y esperanza, o porque se use especulativamente, Apocalipsis es un documento medular para la fe cristiana. Ya en el segundo siglo, el montanismo, un grupo visionario apocalíptico, montó su teología sobre la inminencia de la venida de Cristo a base del Apocalipsis. Para algunos sectores del cristianismo entre el segundo y el tercer siglos, Apocalipsis fue un libro conflictivo. Para los cristianos que querían negociar con Roma, era una piedra de tropiezo. Para los que veían a Roma como un poder del mal, era una palabra profética que denunciaba el imperio del mal.

Apocalipsis entró al canon con gran dificultad. Cuando los cristianos se aliaron al imperio en el cuarto siglo, retomaron a Apocalipsis para darle un nuevo uso, como una palabra contra los poderes políticos que hacían frente al imperio romano. Ahora, Apocalipsis era un libro útil para el poder. Esta utilidad ideológica que una lectura manipuladora le había dado a Apocalipsis, salvó este libro para que pudiera ser parte del canon cristiano. Hoy día, sabemos que Apocalipsis fue en sus orígenes literatura de oposición simbólica.

En momentos de gran tensión social, política, económica, o de cualquier otra índole, el Apocalipsis ha sido una fuente que los cristianos han utilizado para comprender sus sufrimientos y cobrar esperanza.

El Apocalipsis ha sido leído en tres formas principales. La forma en que la academia lee Apocalipsis es conocida como el «preterismo». El preterismo ve a Apocalipsis como un documento del pasado que fue

145

una poderosa voz de denuncia contra el imperio romano en uno de los momentos en que el imperio se encontraba en su apogeo. Una segunda forma en que el libro ha sido interpretado es como un libro de predicción del futuro. Esta forma ha sido preponderante en la lectura de la iglesia. Nombres como Montano, Joaquim Fiore, Lutero, el pietismo alemán, el movimiento de santidad, los Adventistas, los Testigos de Jehová resuenan con este tipo de lectura. Los futuristas generalmente han usado a Apocalipsis contra los poderes políticos contrarios a sus países. Se ha usado para denunciar la paja en el ojo de otros sin mirar la viga en el ojo. Siempre la bestia ha sido interpretada como los otros: Europa, la Unión Soviética, China, y ahora los países árabes. Rara vez hemos sido introspectivos para ver en qué forma el arreglo económico y político de nuestro lado político hace que nuestra sociedad tenga un perfil bestial frente a la creación, los empobrecidos (2/3 de la humanidad), el ambiente ecológico, y la amenaza nuclear latente. Si miráramos el rol de nuestra sociedad en estas tragedias que amenazan la creación, quizá notaríamos cómo el Apocalipsis puede ser un libro de denuncia de la maldad de nuestro lado de la historia humana. Entonces Apocalipsis trabajaría en analogía con su intención inicial: denunciar proféticamente los poderes políticos imperiales, fueran los romanos o los de nuestro tiempo.

Si los preteristas pecan al dejar Apocalipsis en el pasado, los futuristas han pecado de ingenuidad. Vez tras vez la historia se ha encargado de desmentir este tipo de lecturas. Una tercera vía ha sido la que reconoce el diálogo inicial del libro con su contexto y lo libera de los límites de su autor y su contexto inicial para que hoy vuelva a denunciar los poderes del día. Esta lectura respeta el contexto inicial de Apocalipsis y lo hace pertinente para nuestro tiempo.

¿Cómo se formó el libro de Apocalipsis? Una mirada a cualquier pasaje en Apocalipsis nos da una idea de cómo procedió su autor a cristalizar estos materiales. Lo primero que nos interesa anotar es el concepto «apocalipsis». Con esta palabra comienza el libro de Apocalipsis. La palabra literalmente se refiere a una información privilegiada que poseen los miembros de un gobierno de sus deliberaciones internas. De ahí que el concepto «apocalipsis» signifique la revelación de un secreto. En la versión griega de I de Samuel 22.8 se usa el concepto «apocalipsis» en su versión secular. Allí, Saúl se lamenta de que nadie le abriera el oído para darse cuenta de la conspiración de su hijo con David. Aquí un apocalipsis es la información privilegiada que se da dentro de la corte de un gobierno de la antigüedad. En el caso de la «literatura apocalíptica», lo que hay es una revelación de los secretos de la corte celestial, y esto proviene de la literatura profética (1 R 22.1–23). En Daniel 2.27–28 se usa el concepto de lo secreto (misterio) para el sueño que había tenido el rey Nabuconodosor. En este pasaje, «apocalipsis» significa revelar este secreto que conocen el rey Nabuconodosor y Dios. De esta información podemos inferir que un apocalipsis consiste en la revelación de los secretos (misterios) divinos sobre la historia y el pueblo de Dios, dada a una figura profética o un vidente.

El libro de Apocalipsis parte de la premisa de que Dios le ha revelado una información de la corte celestial a Juan, para que éste informe a las siete iglesias. El secreto no es un misterio esotérico. El punto esencial es que Juan y sus comunidades en Asia Menor son invitados a ver la realidad desde el punto de vista divino. Quienes leemos Apocalipsis recibimos el don de ver las cosas desde la óptica divina.

Esta óptica divina se nota en una palabra clave en Apocalipsis: «vi». Esta palabra aparece 44 veces en Apocalipsis—y sólo otras diez veces en el resto del Nuevo Testamento. Obviamente el Apocalipsis es un informe de visión a Juan en el que éste ve la realidad contemporánea y el fin de la historia desde el punto de vista de Dios. Con esto queremos señalar que la fuente principal para la formación de Apocalipsis es una experiencia visionaria.

Apocalipsis 13 nos servirá de modelo para tener una imagen de cómo se formó apocalipsis. Apocalipsis 13 nos muestra la dependencia de la Biblia hebrea, del judaísmo intertestamentario y de otras figuras de la cultura de Asia Menor y del Antiguo Medio Oriente. Estas fuentes literarias y culturales nutren esta revelación divina que se nos ha legado en el Apocalipsis.

Lo primero que se nos dice es que el relato de Apocalipsis 13 es un informe de una visión, «y vi». Los detalles de la visión muestran la dependencia literaria y cultural de Apocalipsis. La visión divina se presenta en símbolos de la cultura del vidente y de sus comunidades. La visión comienza en el mar. El mar se refiere al mar mítico que aparece en Génesis 1.1 y que se traduce como «abismo» (en hebreo tehom). Este abismo es una referencia a la cosmología del Antiguo Medio Oriente. Según los mitos sumerios y babilónicos, Marduk, el dios principal en

Babilonia, había formado el cosmos con los pedazos de Tiamat. Éste último era una especie de cocodrilo mitológico. Marduk lo había partido en varios pedazos. Con un pedazo hizo el cielo y con el otro hizo la tierra y el mar. En el mar todavía se podía inferir la naturaleza maligna de este poder mítico que había sido destruido por Marduk. En el capítulo donde abordamos el relato de Génesis 1 he dado más detalles sobre este respecto.

El primer personaje que se nos presenta es una bestia que sube del mar. La historia de las tradiciones de esta bestia del mar proviene del mito de Tiamat y Marduk. En el Antiguo Testamento estas metáforas míticas habían sobrevivido a través de la influencia cananea. En la literatura cananea, el cosmos se había formado en una guerra entre Lotam y El, el gran dios cananeo. Lotam era el equivalente de Tiamat en las religiones babilónicas. En Israel, este imaginario mítico sobrevivió con el nombre de Leviatán (Salmo 74.14). En Job 41.1ss se habla de este monstruo marino mítico. El apocaliptismo retomó todo este imaginario mítico y lo utilizó como retórica contra los poderes políticos que oprimían a Israel. Un lector avisado nota que esta bestia nos es otra cosa que una suma de todas las bestias que aparecen en Daniel 7.2-8. Daniel 7 había presentado los poderes imperialistas que oprimieron a Israel como señales políticas e históricas del imaginario mítico del Antiguo Medio Oriente. Este imaginario ahora se utilizaba políticamente. Los babilonios, persas, griegos eran distintas caras de Leviatán. El autor de apocalipsis retoma esta nueva interpretación para definir al imperio romano como la suma de todas las bestias que ha mostrado en visión el libro de Daniel. El imperio que se anunciaba como la paz, la prosperidad, la piedad, se ve ahora desde la perspectiva divina. El Apocalipsis muestra al imperio como un monstruo salvaje, representante de los poderes míticos del mal que guerrean contra Dios y contra el pueblo de Dios.

La bestia se presenta con una herida de muerte que se ha superado en una de sus cabezas. La mayor parte de los eruditos interpretan esto como una alusión al mito del Nerón redivivo. En el año 68 d.C. Nerón se suicidó. Pero nunca hubo una evidencia contundente de su muerte. Muchos en el imperio romano pensaron que Nerón había huido a Persia. Luego del suicidio de Nerón, el imperio romano se desestabilizó. En el año 68 d.C. hubo tres emperadores (Oto, Galba y Vitelio). Vespasiano, general romano que peleaba contra los judíos en Palestina, fue aclamado emperador y pudo tomar las riendas del imperio. El autor de Apocalipsis resuena esta tradición de inestabilidad y fragilidad política del imperio romano. La revelación está relacionada a su contexto inicial.

La imagen de la cabeza de la bestia herida, sin embargo, es una parodia de la imagen de Cristo como Cordero degollado que recibe la autoridad celestial (Ap 5.6–12). Así como el Cordero fue herido, recibió autoridad, reina sobre todos los pueblos y recibe adoración, la bestia del mar también ha sido herida (Ap 13.3), recibe autoridad del dragón (Ap 13.2), reina sobre todos los pueblos (Ap 13.7), y recibe adoración (Ap 13.8).

El segundo personaje siniestro que presenta Apocalipsis 13 es el dragón. Ya se le ha mencionado en Apocalipsis 12. Allí se señala que este es «la serpiente antigua, que se llama Diablo y Satanás» (Ap 12.9). Las alusiones al poder mítico del mal relacionan al dragón con Génesis 3 (la serpiente) y el pecado de Adán y Eva (Job 1–2, Zac 3.1–2). Con esta alusión se señala que el imperio romano no es la piedad como ellos señalan en su propaganda, sino el poder mítico del mal, Satán.

La tercera figura metafórica que aparece en Apocalipsis 13 es otra bestia de la tierra. Esta bestia proviene de la figura mítica de un hipopótamo. Esta figura aparece en Job 40.15–24. En Job se conoce como Behemot. Este personaje aparece nuevamente en I de Enoc 60.8, una obra escrita entre el segundo siglo a.C. y el primer siglo d.C.: «El monstruo masculino se llama Behemoth, se posa sobre su pecho en un desierto inmenso llamado Duindaín, al oriente del jardín que habitan los elegidos y los justos, donde mi abuelo fue tomado, el séptimo desde Adán el primer hombre a quien el Señor de los espíritus creó». El libro de Apocalipsis le llama a la bestia de la tierra, el falso profeta (Ap 16.13; 19.20; 20.10). Por eso, este monstruo parece un cordero pero habla como dragón. Tiene un parecido a las imágenes de fe cristianas, dos cuernos como de cordero, pero cuando habla, su palabra procede del poder mítico del mal. Los cuernos son una metáfora para referirse al poder. En Jeremías 48.25 dice: «cortado es el poder (en hebreo, cuerno) de Moab, y quebrado su brazo».

Hay varias explicaciones para este falso profeta. Algunos piensan que se refiere a los poetas y sacerdotes de la corte del imperio romano, cuyo trabajo era hacer propaganda a favor del culto al emperador y la ciudad de Roma. Como el falso profeta hace descender fuego del cielo, funciona como una parodia de los dos testigos (Ap 11.5) y de Elías, el gran profeta del siglo octavo a.C. (Véase 2 R 1.10 – 14). Por esta razón, parece que la bestia de la tierra es una metáfora para un movimiento religioso. Posiblemente, este es el lenguaje que el autor de Apocalipsis usa para referirse a los cristianos de su tiempo que se solidarizaron con el imperio y legitimaron la adoración imperial como algo inocuo (Ap 2.14,20). Por eso es que se le llama falso profeta. Porque eran profetas cristianos a favor del imperio.

Un cuarto elemento que nos muestra cómo las imágenes de Apocalipsis dependen de otras metáforas del texto bíblico y de la cultura circundante es el número 666. Se ha gastado un sinfín de páginas para explicar este número. El seis es un número metafórico en la Biblia y el judaísmo. Es el número más cercano al siete. Siete fueron los días desde la creación hasta el descanso divino (Gn 1.1 – 2.4a). El judaísmo interpretó el seis como símbolo de imperfección. Cuando los judíos usaban un sustantivo tres veces, era su forma de presentar un adjetivo superlativo. El hebreo no tiene forma de decir muchísimo. Diría, «mucho, mucho, mucho». Los oyentes entenderían, «muchísimo». Esto es lo que sucede en Isaías 6, donde dice «santo, santo, santo». El significado en buen español es santísimo. Seis, seis, seis entonces significa imperfectísimo. Obviamente, es un discurso retórico. El imperio romano se presenta como lo máximo. Juan alega que es lo más imperfecto.

Todos los capítulos de Apocalipsis están cargados de intertextos—esto es, alusiones a otros textos de la Biblia hebrea, la apocalíptica, y figuras míticas del mundo helénico o del Antiguo Medio Oriente. El lenguaje de la visión usa de todas estas metáforas. El autor de apocalipsis usa otros tropos y figuras retóricas para componer su discurso. Uno que hay que mencionar es el número siete. El Apocalipsis organiza los materiales alrededor de septetos. Así encontramos siete oráculos a las iglesias (Ap 2 – 3), siete sellos (Ap. 6), siete trompetas (Ap 8 – 11), siete copas (Ap 16), etc. Algunos eruditos han dividido a Apocalipsis en siete partes.

Apocalipsis 13 nos muestra una de las funciones primarias de esta obra. El libro de Apocalipsis, en sus inicios, era una obra de oposición simbólica contra el imperio romano. Roma se presentaba a sí misma como la paz, el progreso, la civilización. El Apocalipsis no acepta esta ideología legitimadora del imperio, sino que lo denuncia como explotación (Ap 17.17), violencia (Ap 6.1 – 8) e idolatría (Ap 13.1 – 4). El imperio romano se quería presentar como un cordero pero realmente era un dragón (Ap 13.11–17). El imperio romano es interpretado como una copia de Satanás en la historia (vea la semejanza entre el dragón y la bestia en Ap 12 y 13). Frente a ese imperio de muerte, Juan el vidente, ve la victoria de Dios que ya se ha traslucido en la resurrección (Ap 5.5; 12.1–11). Cristo y su iglesia han derrotado moralmente al imperio, y lo sustituirán por el Reino de Dios (Ap 21). El rol de la iglesia es resistir al imperio (Ap 13.9–10). Esta resistencia se lleva a cabo con una palabra profética de denuncia (Ap 11.4–6). El Apocalipsis es esa palabra de denuncia del profeta Juan de Patmos.

Ahora bien, ¿cómo llegó el Apocalipsis a formar parte del canon? El libro de Apocalipsis fue muy discutido desde el tercer siglo en adelante. Los cristianos del tercer siglo se dieron cuenta de que el autor de Apocalipsis no escribía en el mismo estilo y con los mismos códigos del evangelio y las cartas juaninas. Su estilo, teología y uso del lenguaje diferían marcadamente de la tradición juanina. En el siglo III, Dionisio de Alejandría declaró que el autor de Apocalipsis no podía ser el autor del evangelio juanino:

«Así, que se llamase Juan y que este libro sea de un Juan o algún santo e inspirado escritor, no lo negaré. Pero no estoy de acuerdo en que fuese el apóstol, el hijo de Zebedeo, el hermano de Jacobo, el que escribió el Evangelio según Juan y la epístola general. Por el carácter de éstos y debido al estilo y formato de Apocalipsis, mi conclusión es que no se trata del mismo autor. ...Que el escritor fuese Juan es cosa creíble, pero ¿qué Juan? ...Los conceptos, palabras y la sintaxis evidencian dos escritores diferentes. ...Pero Apocalipsis es completamente diferente de esos escritos [los juaninos] y apenas si tiene una sílaba en común con ellos, por así decirlo» (Citado por Eusebio, *Historia eclesiástica* 7.25).

Dionisio no utilizó este criterio de autoría para restarle autoridad al libro de Apocalipsis. Para Dionisio, el Apocalipsis habría sido escrito por otro Juan, un profeta de Patmos, pero el contenido del mensaje le daba mérito propio para entrar al canon. Dionisio aceptaba la autoridad canónica de Apocalipsis: «...yo no me atrevería a rechazar el libro (Apocalipsis), por cuanto tantos hermanos lo tienen en estima...» (*Historia eclesiástica* 7.25).

En el cuarto siglo, la duda sobre la autoría de Apocalipsis y su discurso contra las autoridades políticas hicieron que fuera cuestionada su autoridad. Eusebio de Cesarea lo incluyó entre las obras ilegítimas: «Entre los libros espurios deben reconocerse... el Apocalipsis de Juan, si parece bien. Porque como dije, algunos lo rechazan, mientras que otros lo cuentan entre los libros reconocidos» (*Historia eclesiástica* 3.25). Atanasio, en su carta pascual, incluye el Apocalipsis entre los libros del Nuevo Testamento. Apocalipsis siguió siendo cuestionado por algún tiempo. En el canon de Laodicea en el año 363 no se le incluye. Cirilo de Jerusalén tampoco incluye el Apocalipsis en sus escritos. Lo mismo sucede con Gregorio de Nacianzo quien tampoco lo incluye. Anfiloquio de Iconio, quien murio en el 394 d.C., afirma que «El Apocalipsis de Juan también algunos lo incluyen, pero la mayoría dice que es espurio» (*Yámbicos a Seleuco*, líneas 289–319). Ya a principios del quinto siglo, Crisóstomo, obispo de Constantinopla, incluye a Apocalipsis en sus reflexiones. Los concilios de Hipona y Cartago, a finales del cuarto siglo, incluyeron a Apocalipsis en el canon.

El libro de Apocalipsis concluye el canon, no sólo porque fue de los últimos en ser aceptados por las iglesias, sino por su función literaria. El Antiguo Testamento había comenzado con el paraíso perdido. El Apocalipsis termina con el paraíso recobrado. En este sentido, Apocalipsis es la conclusión recapituladora del canon cristiano. Con el Apocalipsis como conclusión, las iglesias que formaron el canon querían dar un mensaje de esperanza y gracia a los lectores. No importa cuán difícil sean la vida y la historia, el futuro está lleno de esperanza. Dios ha vencido en la resurrección y vencerá en la historia. La resurrección ya anticipa el final de la historia: «Los reinos del mundo han venido a ser de nuestro Señor y de su Cristo; y él reinará por los siglos de los siglos» (Ap 11.15). El Apocalipsis les permitía a sus lectores y oyentes ver la realidad con los ojos de Dios. Por esto, Apocalipsis era una obra que se podía comprender como gracia y paz. En medio de la violencia imperial Apocalipsis era un mensaje de gracia y paz de Dios, que anunciaba y celebraba el final de la historia.

Otros documentos en el proceso canónico

Capítulo 18

Una mirada a las fuentes primarias nos muestra que hubo otros documentos que fueron considerados como Escritura sagrada por algún grupo o persona durante el tiempo formativo del canon del Nuevo Testamento. Estos documentos los podemos dividir en dos grupos: (1) documentos aceptables teológicamente por la piedad cristiana; (2) documentos de grupos heterodoxos que no disfrutaron de un reconocimiento general pero tuvieron autoridad en comunidades particulares.

Entre los documentos aceptables para piedad cristiana repasaremos brevemente El Pastor de Hermas, la Epístola de Bernabé y la Didajé. Repasaremos otros documentos que no gozaron de esta autoridad amplia tales como el Evangelio de Pedro y el Evangelio de la Infancia. Finalmente haremos un repaso más detallado a los documentos gnósticos.

El Pastor de Hermas es un apocalipsis cristiano compuesto de visiones y parábolas. Esta obra fue publicada a mediados del segundo siglo. Su tema principal es la posibilidad de un segundo y final arrepentimiento. Fue un documento muy querido por muchas comunidades de fe. Las fuentes primarias atestiguan la autoridad de esta obra hasta casi llegada la Edad Media. Según Eusebio de Cesarea, Ireneo incluía al Pastor de Hermas como parte de las Escrituras. Clemente el alejandrino, en su obra *Strómata* (ca. 160 d.C.), alega que el Pastor de Hermas es una revelación de Dios. Orígenes sugiere que el saludo de Pablo en Romanos 16.14 a «Hermas» se refería al presunto autor del Pastor, que Orígenes considera ser Escritura inspirada: «...el Pastor, escritura que a mí me parece muy útil y, a la que creo, divinamente inspirada...» (*Sobre Romanos* X.31). En el manuscrito sinaítico, de principios del cuarto siglo, el Pastor de Hermas se incluye en el Nuevo Testamento.

Tertuliano es el primero en cuestionar abiertamente al Pastor de Hermas. Tertuliano no acepta la doctrina de la penitencia. Difama esta obra como el pastor de los adúlteros (*De pud*. XX). De aquí en adelante, El Pastor perdió peso entre las iglesias. Eusebio, a principios del cuarto siglo, lo pone en la lista de los libros ilegítimos (*Historia eclesiástica* 2.25.4). Atanasio, en el año 367 d.C., no lo incluye en la carta pascual donde presenta la lista final de libros del Nuevo Testamento. Sin embargo, Atanasio señala que este libro puede ser leído por los cristianos como una palabra de piedad. Jerónimo señala que el Pastor de Hermas es «...un libro útil... [aunque] entre los latinos es casi desconocido.» (*De vir*.). Nótese que el Pastor de Hermas tuvo gran autoridad en las iglesias de Oriente, pero fue desconocido o cuestionado por las iglesias de Occidente—a pesar de haber sido escrito en Roma. Desde luego, el que un libro entrara al Nuevo Testamento tenía que ver con que fuera reconocido por la generalidad de las iglesias. La falta de este reconocimiento en Occidente impidió que esta obra entrara al canon.

Otro documento que encontramos con cierto reconocimiento en el período canónico es la Epístola de Bernabé, que se escribió durante la primera mitad del segundo siglo. El propósito de este documento era dar enseñanza moral. Tiene cinco partes: (1) Saludo, (2) acción de gracias, (3) razón para escribir este documento, (4) las tres doctrinas (la vida en la fe, justicia y juicio, gozo testificado por los justos), (5) las dos vías.

Este documento tuvo una gran estima entre los cristianos. El manuscrito sinaítico, del cuarto siglo, lo incluye en los libros del Nuevo Testamento. Clemente de Alejandría contaba la Epístola de Bernabé entre las Escrituras. En la *Strómata*, Clemente de Alejandría cita la Epístola de Bernabé como obra de un apóstol: «con razón, pues, el apóstol Bernabé [dice]....» En el tercer siglo, Orígenes hace alusiones a la Epístola de Bernabé, que cita como Escritura. Eusebio de Cesarea, a principios del cuarto siglo, la incluye entre los libros ilegítimos. Pero no fue incluida por Atanasio en su carta pascual. La Epístola de Bernabé siguió siendo utilizada por la piedad cristiana hasta el siglo IX. De ahí en adelante se dejó de usar. En este caso también, hay que notar que fuerons los cristianos de Alejandría, o profundamente influidos por

Alejandría, quienes más autoridad le dieron a este documento, que no fue generalmente reconocido en otras partes de la iglesia.

La Doctrina de los Doce Apóstoles (o Didajé) fue un tercer documento que tuvo gran autoridad y prestigio entre ciertos sectores del cristianismo de los primeros siglos. La Didajé es un documento sobre el orden de la iglesia en forma de manual de instrucción. Este documento contiene cuatro secciones (1) sección sobre la ética cristiana (1–6); (2) sobre la liturgia (7–10); (3) sobre cómo tratar con misioneros itinerantes y apóstoles (11–15); (4) escenario escatológico (16). La Didajé fue escrita a finales del primer siglo o principios del segundo siglo. Clemente de Alejandría y Orígenes la incluían entre las Escrituras. Eusebio de Cesarea declara que la Didajé es una obra ilegítima. Atanasio no la incluye entre los libros del Nuevo Testamento.

Una de las fuentes primarias que ha sido discutida en la academia es el llamado Evangelio de Pedro. El Evangelio de Pedro no gozó de autoridad canónica. Es una historia de la pasión y la resurrección narrada ficticiamente por Simón Pedro. Una lectura cuidadosa nos deja ver los problemas que tuvo el cristianismo del segundo y tercer siglo con esta obra. En el relato de la crucifixión, la obra muestra su sesgo doceta: «Y tomaron dos malhechores, y crucificaron al Señor entre ellos. Mas él se callaba, *como quien no siente sufrimiento alguno*» (*Ev. de Pedro* 4.1, bastardillas mías). Las palabras en bastardillas muestran la interpretación de este documento sobre la muerte de Jesús en la cruz. Jesús no siente sufrimiento alguno. Aquí vemos la teoría de los docetas, quienes eran de la opinión que el cuerpo de Jesús era sólo una apariencia. Por lo tanto, sus sufrimientos y muerte en la cruz tenía que ser pura apariencia.

El relato de la pasión y la resurrección tiene ecos de Mateo y Juan en los detalles sobre los guardas del sepulcro y el robo del cuerpo (siguiendo a Mateo). Termina el relato con la huida de Pedro, Andrés y Leví a Galilea para dedicarse a la pesca. Un detalle fascinante es la representación narrativa del evento de la resurrección: «Empero, en la noche tras la cual se abría el domingo, mientras los soldados en facción montaban dos a dos la guardia, una gran voz se hizo oír en las alturas. Y vieron los cielos abiertos, y dos hombres resplandecientes de luz se aproximaban al sepulcro. Y la enorme piedra que se había colocado a su puerta se movió por sí misma, poniéndose a un lado, y el sepulcro se abrió. Y los dos hombres penetraron en él. Y, no bien hubieron visto esto, los soldados despertaron al centurión y a los ancianos, porque ellos también hacían la guardia. Y, apenas los soldados refirieron lo que habían presenciado, de nuevo vieron salir de la tumba a tres hombres, y a dos de ellos sostener a uno, y a una cruz seguirlos. Y la cabeza de los sostenedores llegaba hasta el cielo, mas la cabeza de aquel que conducían pasaba más allá de todos los cielos. Y oyeron una voz, que preguntaba en las alturas: "¿Has predicado a los que están dormidos?" Y se escuchó venir de la cruz esta respuesta: "Sí"» (Ev. de Pedro 10.1–8).

Nótese que, siguiendo a Juan y a Lucas, el relato menciona dos figuras celestiales que entran al sepulcro. Lo nuevo es toda esta descripción de la resurrección junto al diálogo sobre la predicación a los que están dormidos. Esta predicación a los que han muerto tiene eco en I de Pedro 3.19. Una de las reglas literarias de la más antigua de las ciencias bíblicas, la crítica textual, señala que el relato más breve es generalmente el más antiguo. De esta regla textual podemos inferir que el Evangelio de Pedro es posterior a los evangelios canónicos, porque tiene todo un desarrollo descriptivo de la resurrección con un eco en I de Pedro. Las iglesias que formaron el canon rechazaron al Evangelio de Pedro por su orientación doceta. El lenguaje especulativo sobre la resurrección fue un discurso rechazado por las iglesias, que prefirieron documentos más sobrios. Los cristianos que formaron el canon entendían que la verdad del evangelio requería la afirmación de la encarnación real de Dios en Jesucristo.

Eusebio de Cesarea, en su Historia Eclesiástica, evalúa al Evangelio de Pedro con las siguientes palabras: «Y por lo que se refiere a los llamados Hechos suyos [de Pedro], al Evangelio que lleva su nombre y a lo que llaman su Predicación y su Apocalipsis, sabemos que no han sido en manera alguna incluidos por la tradición entre los católicos [libros canónicos], pues ningún escritor eclesiástico antiguo o contemporáneo se sirvió de testimonios procedentes de tales obras» (Historia eclesiástica 3, 2).

Otro documento que ha sido expresión y fuente de la piedad cristiana es el Evangelio de la Infancia según Santo Tomás. Es un florilegio de historias de milagro de Jesús desde que era un niño de cinco años hasta que cumplió los doce. Su estructura literaria presupone el relato de la niñez de Jesús en Lucas. Esto indica que es una obra posterior al primer siglo. Las historias de milagro del niño Jesús van desde actos de compasión, hasta actos de ira de parte del niño divino. Un ejemplo de una historia de milagro inspiradora y de gran belleza es la del grano de trigo:

«Otra vez, en la época de la siembra, el niño salió con su padre para sembrar trigo en su campo, y, mientras su padre sembraba, el niño Jesús sembró también un grano de trigo. Y, una vez lo hubo recolectado y molido, obtuvo cien medidas y, llamando a la granja a todos los pobres de la aldea, les distribuyó el trigo, y José se quedó con lo que aún restaba. Y Jesús tenía ocho años cuando hizo este milagro».(*Ev. de la Infancia* 12.1–2).

El relato de milagro está enmarcado en el principio de misericordia y solidaridad con los empobrecidos. Un segundo relato nos muestra lo que algunos eruditos han llamado el «malcriado divino»:

«Viendo José que el niño crecía en edad y en inteligencia, y no queriendo que permaneciese iletrado, lo llevó a un segundo maestro. Y este maestro dijo a José: Le enseñaré primero las letras griegas, y luego las hebraicas. Porque el maestro conocía la inteligencia del niño. Sin embargo, después de haber escrito el alfabeto, se ocupó largamente de él, y Jesús no le respondió, hasta que le advirtió: Si eres verdaderamente un maestro, y conoces bien el alfabeto, dime primero el valor de Alpha y yo te diré luego el de Beta. Pero el maestro, irritado, le pegó en la cabeza. Y el niño, en su dolor, lo maldijo, y aquél cayó exánime, con la faz contra tierra. Y el niño volvió a casa de José, que quedó muy afligido, y recomendó a su madre: No le dejes pasar la puerta, porque cuantos lo encolerizan, quedan heridos de muerte» (*Ev. de la Infancia* 14.1–3).

Este tipo de relato piadoso no entró al canon. Las razones fueron variadas. Estos documentos no gozaron de mucho prestigio en las iglesias más prominentes de los primeros siglos. En el siglo V, Vicente de Lérins sugirió que solamente debía creerse lo que se había creído «en todas partes, siempre y todos». Estos libros no gozaron de esta aprobación siempre, en todas partes y por todos. Un segundo criterio fue su falta de sobriedad, con fábulas exageradas e inverosímiles. Las iglesias optaron por documentos con mayor sobriedad como uno de sus criterios canónicos.

Al no incluir el Evangelio de Pedro y el Evangelio de la Infancia en el canon, la comunidad de fe mostró su propia sobriedad. Aunque no propuso explícitamente la sobriedad como criterio canónico, sí estaba implícita en el principio ortodoxo de la completa humanidad de Jesús. Las iglesias que formaron el canon no aceptaron ninguna imagen milagrosa de Jesús de naturaleza hiperbólica. Les pareció que detrás de estas imágenes del niño divino se encubría una negación de la encarnación. Las imágenes extraordinarias de la resurrección parecían legitimar las visiones especulativas de los gnósticos. La humanidad de Jesús implicaba sobriedad en los relatos. Podían aceptar a Jesús como un profeta, como una figura celestial, inclusive como la divinidad misma, siempre y cuando no fuera en menoscabo de su completa humanidad. La iglesia que suscribió la ortodoxia prefirió vivir con la saludable tensión de afirmar la revelación del Eterno en el ser humano Jesús de Nazaret. Para ser parte del canon había que presentar una imagen de Jesús que fuera completamente encarnacional y cruciforme. Si faltaba en algunos documentos la visión de Jesús como ser humano, no se les dio cabida en el Nuevo Testamento.

Recientemente las obras gnósticas se han popularizado tanto en los estudios críticos como en la prensa sensacionalista. Quienes han leído la novela *El Código Da Vinci* se han topado con una obra de ficción donde se cuestiona la legitimidad del Nuevo Testamento en contraste con otros libros que no fueron aceptados en el canon. Se de la impresión de que el canon del Nuevo Testamento fue una decisión maquiavélica de la iglesia mayoritaria. Parece una conspiración contra los gnósticos como grupo oprimido injustamente. Según esta novela, «A esto se suma el descubrimiento de una serie de manuscritos coptos. En Nag Hammadi en 1945 ...esos documentos hablan del ministerio de Cristo en términos muy humanos. Evidentemente, el Vaticano, fiel a su tradición oscurantista, intentó por todos los medios evitar la divulgación de esos textos. Y con razón. Porque con ellos se quedaba al descubierto maquinaciones y contradicciones y se confirmaba que la Biblia moderna había sido compilada y editada por hombres que tenían motivaciones políticas...»

Gracias a Dios, hoy tenemos toda la biblioteca gnóstica publicada en español y hasta en el formato de la Internet. Este acceso a estas obras nos deja evaluar el contenido de la literatura gnóstica para poder juzgar lo que se dice sobre ellas en El Código Da Vinci. Los gnósticos les dieron valor canónico a muchas de sus propias obras. La iglesia antigua las descartó y en cambio sostuvo las que a la postre formaron el Nuevo Testamento. ¿Fue esta decisión injusta? ¿Fue el resultado de una conspiración malsana? ¿Se reprimió una voz de justicia entre los cristianos de la antigüedad? ¿Hubo algún criterio con valor ético para excluir las obras gnósticas del canon?

En 1945 se encontró en Nag Hammadi, en Egipto, una serie de evangelios, dichos, discursos y diálogos de Jesús que no son parte del canon. La colección contenía 52 documentos, en trece códices de papiro, encuadernados en cuero. (Para quien desee leerlos, estos libros han sido publicados en español por editorial Trotta en tres volúmenes bajo el título de *Los evangelios gnósticos de Nag Hammadi*. También se encuentran en la dirección de Internet: www.metalog.org.)

Una mirada a estos libros nos da una idea de la enorme variedad y riqueza de los diversos cristianismos en el segundo y tercer siglo. Pero también confirma lo acertada que fue la decisión de las iglesias al formar el canon del Nuevo Testamento.

En el debate sobre la identidad cristiana, los dirigentes y feligresía de la iglesia determinaron que el contenido de estos libros no era conforme a los entendimientos que se habían articulado sobre la fe desde el periodo más antiguo de los cristianos originarios. La fe más antigua era variada y polivalente, pero tenía una serie de puntos medulares básicos. Uno de ellos era la completa humanidad de Jesús de Nazaret. Esa completa humanidad incluía la muerte violenta que sufrió Jesús. En el segundo y tercer siglos, la muerte de Jesús como mártir fue modelo y consuelo a los cristianos que sufrían hostilidad de parte de las autoridades romanas. Algunos eruditos señalan que el proceso de hacer una colección canónica le dio gran importancia a la muerte de Jesús en la cruz. Le llaman a este énfasis canónico el criterio cruciforme. Este criterio señalaba que el Jesús confesado en la iglesia era totalmente humano —lo cual incluía su ejecución violenta.

Los disidentes principales de la iglesia, que produjeron el canon del Nuevo Testamento en el segundo siglo, fueron los docetas, los marcionitas y los gnósticos. Un punto común entre estos grupos fue que proyectaban una imagen de Jesús como hombre celestial que sólo en apariencia era humano. Para que tengamos una idea de lo que pensaban los gnósticos y los docetas sobre la humanidad, muerte, sufrimientos de Jesús como ser humano, unas pocas citas—de entre muchas que hay—nos pueden ayudar. El *Evangelio de Felipe* (57–58) dice: «Jesús no se mostró tal cual era en sí, sino que se mostró tal como podía ser visto. Y se mostró a los hombres como hombre. Por esto ocultó su logos a todos.» En un supuesto *Discurso de Pedro* (CaPeF, 139), luego de narrar la muerte de cruz, el entierro y la resurrección, Pedro afirma: «Hermanos míos, Jesús es ajeno a estos sufrimientos». En el *Primer Apocalipsis de Santiago* (2.31), se narra un diálogo entre Santiago y Jesús donde el primero le cuenta que ha oído de sus sufrimientos. Jesús le responde que «en ningún momento he sufrido en absoluto ni me he afligido». En el Apocalipsis de Pedro (81.20) se niega que Jesús fuera crucificado: «Aquel que viste sobre el árbol alegre y sonriente, este es Jesús, el viviente. Pero este otro, en cuyas manos y pies introducen los clavos, él es el carnal, el sustituto, expuesto a la vergüenza.» Como hemos visto, los escritos gnósticos generalmente presentan a Jesús como un ser puramente celestial. En muchas ocasiones la enseñanza es doceta, esto es, niega la humanidad física de Jesús. En otros casos niega la muerte en la cruz y los sufrimientos en la cruz. La iglesia del segundo siglo tuvo ante sí el desafío de dos imágenes de Jesús: el Cristo celestial y el Cristo encarnado. La iglesia mayoritaria optó por una imagen cruciforme, humana, encarnacional. Por eso fueron nuestros cuatro evangelios los que entraron en el Canon, y no los Evangelios gnósticos.

Otra de entre las muchas razones para descartar estos evangelios es su ambigüedad sobre la identidad femenina. Los gnósticos celebraban a muchas figuras femeninas de entre los cristianos originarios. Una de las figuras centrales del gnosticismo fue María Magdalena. Los gnósticos se sentían ser herederos de las enseñanzas de María Magdalena. Esto es un punto sólido a favor de esta literatura leída desde nuestro horizonte donde vemos a la mujer como una compañera del varón en una sociedad de iguales. Pero una mirada más detallada de la literatura gnóstica nos presenta una imagen de la mujer que no parece ser tan igualitaria. Los gnósticos ven la sexualidad como una perversión que es la base de toda la tragedia humana. El *Evangelio de Felipe* (75) dice entre otras cosas: «El mundo surgió por un error». En otro lugar (70), este mismo evangelio es de la opinión de que «Si la mujer no se hubiera separado del varón no habría muerto con el varón. Su separación significó el comienzo de la muerte. Por esto vino Cristo, para rectificar la separación acontecida desde el principio y de nuevo unirlos a los dos, y para dar vida y unión a los que habían muerto por la separación.» Los gnósticos partían de la premisa de que en Génesis 2 se narraba la separación del andrógino original, generando de éste la creación separada de la mujer. La solución al sufrimiento humano generado por la diferenciación del varón y la mujer se podía resolver acabando con la procreación. Para esto, había que eliminar todo encuentro sexual entre los seres humanos. En esa línea, el Libro de Tomás el Atleta (144) afirma: «¡Ay de vosotros, que amáis el contacto con las mujeres y la sucia unión con ellas!» En este mismo libro (139–140) se marca con pesar la pasión sexual humana: «¡Oh amargura del fuego que arde en los cuerpos de los hombres y en sus tuétanos, ardiendo en ellos noche y día... pues los machos se mueven hacia las hembras, y las hembras hacia los machos! Por ello se ha dicho: Todo aquel que busca la verdad se fabricará alas para volar, huyendo del deseo que agosta los espíritus de los hombres.»

En esta misma línea sobre la sexualidad, podemos notar otro elemento, la misoginia teológica. Así, el *Diálogo del Salvador* (91–92) dice: «Orad en el lugar en el que no haya mujeres. ...aniquilad las obras de la feminidad, no porque haya otra manera de engendrar, sino para que cese la generación.» Ese cesar la generación humana a través de la sexualidad era el ideal de los gnósticos. Pero uno nota que tiene un acento contrario a la mujer. En el *Evangelio de Felipe* (82) se informa lo siguiente sobre la sexualidad: «Si un matrimonio se exhibe se torna en prostitución; y la novia se prostituye no sólo si recibe el semen de otro varón, sino incluso si sale de su alcoba y es vista».

Aunque algunos antiguos escritores cristianos acusaron a los gnósticos de libertinos, lo que aparece en las fuentes primarias es un ascetismo radical. Nuestro Nuevo Testamento tiene voces de terror contra las mujeres (1 Ti 2.9–11; 1 Co 14.34–35). Imagínense nuestros lectores cómo sería la ideología contra las mujeres en un cristianismo que hubiera aceptado estos otros libros en su Nuevo Testamento.

En cuanto al rol de María Magdalena entre los gnósticos, nuevamente los textos son ambiguos. En el Evangelio de María Magdalena se legitima el liderato de María Magdalena como misionera entre los cristianos originarios. Esta discípula del cristianismo originario, poco a poco, fue suprimida por la iglesia hegemónica debido a los valores patriarcales. Originalmente, la presentaron en grupos para quitarle todo valor (Mc 16.1). Luego la difamaron (Mc 16.9, el epílogo añadido a Marcos la señala como una endemoniada). Luego leyeron a Lucas 7 y 8 de manera que la mujer pecadora terminó siendo María Magdalena. Obviamente hubo una conspiración contra María Magdalena y contra casi todas las demás figuras femeninas del cristianismo más antiguo. Eventualmente desaparecieron a la Magdalena.

Los gnósticos exaltaron a María Magdalena como un personaje principal. En un diálogo entre Pedro y María Magdalena, en el *Evangelio de María Magdalena* (10), se legitima la autoridad de María Magdalena de la siguiente manera: «Pedro le dijo: Mariam, hermana, nosotros sabemos que el Salvador te apreciaba más que a las demás mujeres. Danos cuenta de las palabras del Salvador que recuerdes, que tú conoces y nosotros no, que nosotros no hemos escuchado. Mariam respondió diciendo: Lo que está escondido para vosotros os lo anunciaré. Entonces comenzó el siguiente relato...» La conclusión del *Evangelio de María Magdalena* (18) es interesante, la comunidad gnóstica tiene que admitir la autoridad de esta mujer. Lo articulan con las siguientes palabras: «Entonces Leví habló y dijo a Pedro: Pedro, siempre fuiste impulsivo. Ahora te veo ejercitándote contra una mujer como si fuera un adversario. Sin embargo, si el Salvador la hizo digna, ¿quién eres tú para rechazarla? Bien cierto es que el Salvador la conoce perfectamente; por esto la amó más que a nosotros. Más bien, pues avergoncémonos y revistámonos del hombre perfecto, partamos tal como nos lo ordenó y prediquemos el evangelio, sin establecer otro precepto ni otra ley fuera de lo que dijo el Salvador».

Los gnósticos, sin embargo, tenían un problema, y era que en su teología las mujeres no se salvarían como mujeres—aunque con María Magdalena se haría una excepción, pues sería transformada en un varón: «Simón Pedro le dijo: "Que María salga de entre nosotros porque las mujeres no son dignas de la vida". Jesús dijo: "Mirad, yo la impulsaré para hacerla varón, a fin de que llegue a ser también un espíritu viviente"». (*Evangelio de Tomás* 114). La solución que se le da al liderato de esta mujer no consiste en aceptar el valor igual de la mujer junto al varón. La solución es transmutarla en un varón. De esta forma se afirma su valor y a la vez se le niega como mujer.

Vemos entonces que la prensa sensacionalista, al escribir sobre estos evangelios, esconde toda esta información que presentaría los pies de barro de esta tradición. Me parece que los sectores que tenían una visión más igualitaria sobre la mujer en el cristianismo dieron una pelea por un rol digno para las mujeres en el canon frente a los sectores más patriarcales. Fue un logro de los sectores con una visión más igualitaria incluir en el canon voces donde las mujeres tienen igualdad par participar en el liderato de los cristianos originarios. Varias de esas voces las encontramos en el Evangelio de Juan (capítulos 4, 11, 20). Esas voces de igualdad, que se encuentran unas veces dentro del canon y otras en los evangelios gnósticos, desestabilizan el poder del patriarcado con sus voces opresivas contra la mujer—voces opresivas que también aparecen dentro y fuera del canon. Los discípulos de Pablo (I de Timoteo) introdujeron su visión patriarcal a nombre de Pablo. El gnosticismo sufría de la misma ideología patriarcal que el resto de cristianismo, con excepción de la imagen que nos legaron de María Magdalena como una gran líder entre los cristianos originarios. En este sentido específico, la literatura gnóstica nos puede ayudar a deconstruir nuestro propio patriarcado. Pero no encubramos la visión patriarcal y misogénica de los gnósticos. Sus documentos, al igual que muchos documentos canónicos, sufren de una visión contra la mujer. Somos llamados a la construcción de una comunidad de iguales entre los varones y las mujeres. Necesitamos hacer una relectura de los textos bíblicos para la creación de un mundo donde more la justicia entre varones y mujeres.

Las obras de los gnósticos no entraron al canon. La razón principal es que sólo se les aceptaba en las comunidades gnósticas. El principio fundamental de ser documentos generalmente aceptados en todas partes impidió que estas obras tuvieran rango canónico. Lo que es más, por su propia naturaleza los evangelios gnósticos eran esotéricos, reservados para la pequeña comunidad que conocía sus secretos, y no destinados por tanto a ser palabra para la comunidad de fe en su totalidad. Obviamente, la pseudoepigrafía tenía la intención de conceder autoridad a estos documentos. Pero había un segundo criterio adicional, la ortodoxia. Como hemos visto, estos documentos, presentan a un Jesús doceta no humano, no sufriente y sin cruz. La mayoría de estos documentos presenta una visión de la humanidad y la salvación que es ajena a la regla de fe aceptada por la generalidad de las iglesias. Las iglesias que construyeron el canon hicieron una afirmación ética con los evangelios: el cristianismo conlleva una afirmación radical del valor de la vida humana, del mundo, de las cuestiones materiales. Todo cristianismo que niegue el valor de lo completamente humano es una fuga del mundo que niega que Jesús, el Señor, se hizo completamente humano (Jn 1.14; I Jn 4.1–3).

Resumen: El canon del Nuevo Testamento

Capítulo 19

Esencialmente, el Nuevo Testamento es producto de un proceso de discernimiento de parte de la iglesia entre el siglo segundo y el cuarto. Los cristianos de estos tres siglos tuvieron que meditar profundamente sobre qué libros y cuáles criterios determinarían el que un libro fuera sagrada Escritura. En este proceso de discernimiento, hubo sus dudas sobre algunos libros. Algunos entraron por peso propio. Otros tuvieron un peregrinaje más arduo. En esta exposición hemos repasado este proceso por partes. Hemos discutido cómo se determinó el valor canónico de cada colección. También hemos señalado los criterios para seleccionar estos libros. Ahora nos interesa poner en unas pocas páginas un resumen del proceso canónico de todo el Nuevo Testamento, incluyendo los libros que finalmente no entraron al canon.

Como vimos en el capítulo sobre las cartas paulinas, los primeros libros que fueron reconocidos como Escritura por distintos grupos de entre los cristianos del segundo siglo fueron las cartas de Pablo. Los discípulos de Pablo, luego de la muerte del apóstol como mártir, atesoraron las cartas que habían recibido de él. Muy posiblemente estos discípulos fueron los primeros en organizar un cuerpo de cartas de Pablo, y ese cuerpo tenía autoridad especialmente para las comunidades paulinas. II de Pedro (3.15) ya ve un grupo de las cartas de Pablo como Escritura Sagrada. II de Pedro se escribió posiblemente a finales del primer siglo, o a principios del segundo. Con esto vemos que las cartas de Pablo tenían peso como libros sagrados para por lo menos dos grupos de cristianos procedente del primer siglo, la escuela paulina y la petrina. En este documento de la escuela petrina se les da a las cartas de Pablo una autoridad que ya venía corriendo en las comunidades paulinas.

En el año 140, Marción publicó un cuerpo de las cartas de Pablo. Marción conocía diez cartas de Pablo y sus discípulos. No incluyó en este cuerpo las cartas Pastorales (I y II de Timoteo y Tito). Los manuscritos más tempranos que hemos encontrado tienen una colección similar a la que Marción publicó. Posiblemente, la colección que Marción publicó ya estaba circulando en su tiempo.

Las Pastorales comienzan a aparecer en los manuscritos a principios del tercer siglo. Como hemos señalado en el capítulo sobre ellas, estas cartas entraron tardíamente en el cuerpo de cartas paulinas. Ya hemos señalado que este es un cuerpo de cartas que la mayor parte de los eruditos toma como escritos de la escuela paulina de principios del segundo siglo. A partir del tercer siglo, las cartas paulinas incluían trece documentos adjudicados al apóstol de los gentiles (y a sus discípulos) —las diez anteriores, y las Pastorales.

El cuerpo de cartas paulinas se cerró con Hebreos. En el tercer y cuarto siglos hubo gran disensión sobre la autoría de Hebreos. Orígenes, temprano en el tercer siglo, señaló que sólo Dios sabía quién había escrito Hebreos. La carta le fue adjudicada a Pablo porque su capítulo final menciona personajes de las comunidades paulinas. La razón más poderosa fue que con Hebreos la iglesia paulina que pugnaba contra Marción pudo presentar un Pablo que se anclaba claramente en el Antiguo Testamento, y en una comprensión de la deidad que presentaba continuidad entre las tradiciones de Israel (el Antiguo Testamento) y el evangelio. Marción negaba la validez del Antiguo Testamento y la idea de Dios presentada en él. Alegaba que el Dios revelado en Jesucristo era distinto al Dios revelado en las Escrituras de Israel.

La discusión sobre la canonicidad de Hebreos duró hasta el cuarto siglo. En ese siglo Atanasio, en su carta pascual, presenta a Hebreos como un documento del corpus paulino. De ahí en adelante, las iglesias admitieron a Hebreos en el Nuevo Testamento y se lo adjudicaron a Pablo. Por ejemplo, en el quinto siglo, Agustín de Hipona aceptaba a Hebreos como un documento canónico. Así el cuerpo de cartas paulinas llegó a tener las catorce cartas que contiene hoy el Nuevo Testamento.

Los evangelios (Mateo, Marcos, Lucas y Juan) los encontramos citados ya por los padres de la iglesia a principios del segundo siglo. La Didajé cita al evangelio de Mateo. Marción reconocía la autoridad del evangelio de Lucas —aunque en una versión revisada por el propio Marción. Ignacio de Antioquía alude tanto al evangelio de Mateo como al de Juan. El honor de publicar por primera vez un evangelio dentro de un listado (canon) de libros le tocó también a Marción. Junto con las diez cartas paulinas, Marción publicó un evangelio, que era una versión del evangelio de Lucas. Alrededor del año 172, en Mesopotamia, Taciano, publicó una armonía de las tradiciones de los cuatro evangelios que llamó *Diatesaron*, esto es, «a través de los cuatro». Este detalle muestra que Taciano ya conocía los cuatro evangelios. Posiblemente, frente al evangelio editado de Marción, las iglesias que conformaron la ortodoxia publicaron los cuatro evangelios que tenemos en nuestro Nuevo Testamento en algún momento cercano a mediados del segundo siglo. Ya a finales del segundo siglo, Ireneo de Lyon escribió un razonamiento teológico a favor de que hubiera cuatro evangelios en el cuerpo de evangelios.

El libro de Hechos comienza a circular entre los manuscritos a finales del segundo siglo o principios del tercero. De ahí en adelante, Hechos fue aceptado sin mayores reparos por la iglesia. Circuló a veces con algunas de las cartas universales. En la tradición de los manuscritos más tempranos que conocemos, Hechos aparece con I de Juan y I de Pedro.

Respecto al cuerpo de cartas universales (Santiago, I, II y III de Juan, Judas, I y II de Pedro) hubo debate. Orígenes incluyó algunas de las cartas universales dentro de la categoría de documentos dudosos. Señaló como documentos disputables a II de Pedro, II y III de Juan, Santiago y Judas. En el segundo siglo, Ireneo no hace ni una sola cita de estos documentos. A mediados del tercer siglo, Cipriano no los incluye en su lista. Tan tardíamente como a principios del cuarto siglo, Eusebio de Cesarea señala como dudosos «la supuesta Epístola de Santiago y la de Judas, la segunda Epístola de Pedro y las supuestas segunda y tercera de Juan, tanto si son del evangelista como si pertenecen a otra persona con el mismo nombre» (*Historia eclesiástica* 3.25). Los grandes manuscritos del siglo IV (Sinaítico y Vaticano), sin embargo, incluyen estos libros. El manuscrito alejandrino, del quinto siglo, también los reconoce. En el año 367, Atanasio, obispo de Alejandría escribe una carta de resurrección donde incluye todos los 27 libros del Nuevo Testamento que hoy tenemos en nuestra Biblia. Jerónimo, a principios del quinto siglo, señaló que estos libros entraron poco a poco en el listado de textos sagrados de la iglesia.

El libro de Apocalipsis fue otro documento que tuvo problemas para entrar al canon del Nuevo Testamento. Varias fueron las razones para ello. A muchas iglesias les pareció que el Apocalipsis no era una obra del mismo autor que escribió Juan y las cartas juaninas. Pero a mi entender, la razón principal fue de índole política. Resultaba claro que Apocalipsis era una obra de oposición al imperio romano. Las iglesias que querían negociar una salida al conflicto con las autoridades veían en Apocalipsis puro veneno. Un grupo significativo de iglesias lo rechazó por esa razón. Esto excluyó a Apocalipsis del criterio de catolicidad. En el cuarto siglo, Eusebio de Cesarea todavía señala al Apocalipsis como un libro ilegítimo. En las iglesias de Oriente, Apocalipsis tenía pocos adeptos. En los manuscritos del cuarto siglo, encontramos a Apocalipsis entre los libros publicados en el Sinaítico y en el Alejandrino. La carta pascual de Atanasio (367 d.C.) lo incluye como uno de los libros del Nuevo Testamento. Todavía a finales del cuarto siglo, algunos padres cuestionaron la autoridad de Apocalipsis. De todos modos, los concilios de Hipona (393) y Cartago (397), admitieron la autoridad de Apocalipsis como un libro de peso canónico. Muy posiblemente, Apocalipsis entró al canon porque pudo ser interpretado como un libro a favor de imperio romano y contra los enemigos de Roma. Por lo menos, sabemos que Constantino ordenó que en los 25 nuevos testamentos que hizo reproducir se incluyera Apocalipsis. Entendía Constantino que él era el ángel celestial que predicaba el evangelio a todas las naciones (Ap 14.6). Una vez las autoridades cooptaron el Apocalipsis con su nueva interpretación, el libro fue aceptado por todas las iglesias.

Con esto concluyó el proceso canónico del Nuevo Testamento. El Nuevo Testamento fue producto de la vida y fe de las iglesias del siglo segundo al quinto. Estas iglesias le legaron al resto de la historia de la iglesia un canon que era la lista de libros sagrados y la medida para determinar la fe y vida cristianas. Una vez terminado el canon, los libros interactuaban unos con otros. Esa interacción entre los distintos libros produjo lo que es para nosotros la Biblia. Contrario a lo que se podría pensar, el canon era un mínimo común de lo que es la fe. Pero además mostraba gran pluralidad. La fe no era un dogma rígido, sino que se podía presentar en distintas versiones conforme a las distintas voces de los libros que componían el canon. Una vez librados los libros del Nuevo Testamento de su situación inicial, en la nueva colección, en nuevos contextos pastorales, le han hablado a la iglesia con una voz nueva generación tras generación. Esa voz nueva que surge de la autonomía de estos textos en muchas ocasiones era una palabra de vida para el interior de la iglesia y palabra profética en medio de los tiempos.

Epílogo

Se cuenta que el psiquiatra Karl Jung recibió una paciente profundamente deprimida en su despacho. Luego de hacerle las preguntas conducentes a tener una idea de la situación interior de la paciente, Jung sacó una Biblia de su escritorio y le dijo a la paciente que debía leerla todos los días. La mujer protestó. Le pareció que el psiquiatra le engañaba. Con voz benigna, Jung le dijo que fuera a su casa y leyera la Biblia por una hora diaria. La dio una cita para verla en otra ocasión. La paciente se molestó pero luego de pensarlo decidió intentarlo. Cuando regresó a la próxima cita con Jung, se notaba transformada. Jung infirió que la persona había seguido su prescripción médica. La dijo que le parecía que había observado el tratamiento, y le preguntó si necesitaba algo más. La paciente, con una mirada de profundo gozo y salud, respondió que no necesitaba nada más. Jung buscó otra Biblia que tenía en su escritorio toda marcada y usada y le dijo a su paciente: «si yo dejara de leer diariamente este libro, perdería la fuente principal de mi conocimiento y poder. Nunca llevo a cabo ninguna tarea sin leer mi Biblia. Nunca asisto a una enfermedad penosa sin antes buscar luz en sus páginas. Su situación médica no exigía ningún medicamento, sino una fuente de paz y fuerza espiritual. Yo le he dado a usted mi propia receta, y sabía que podía curarla».

En este libro hemos dado un largo viaje desde las experiencias de los primeros israelitas que eventualmente se cristalizaron en tradiciones que llegaron a ser parte de la Biblia hasta la formación de las colecciones del Antiguo y Nuevo Testamentos. La Biblia nos ha llegado tras un largo peregrinaje. Lo que ha sido constante en este camino ha sido el encuentro entre los humanos y Dios. La Biblia es el testimonio de la presencia de Dios en la vida humana, ya sea en las situaciones personales de los israelitas, en la vida del pueblo de Israel, en los discípulos inmediatos de Jesús, o en las comunidades de fe que formaron los cristianos originarios en su misión apostólica. Ese testimonio de la presencia de Dios en la vida de su pueblo es el que le da cariz de palabra de Dios a la Biblia. Es la riqueza y profundidad de estas historias lo que nos ha hecho discernir la palabra de Dios en la Biblia. Para los creyentes que atesoran las páginas de la Biblia, la Biblia es un regalo de Dios. Para el pueblo de Dios, la Biblia viene como una ventana de bondad, justicia y verdad.

La Biblia es palabra de Dios en palabra humana. Se han cruzado en las páginas de la Biblia la vida humana y la presencia de Dios. La Biblia es esa palabra divina que viene a salvar, alentar, consolar, confrontar, denunciar y dar esperanza al ser humano, en palabras humanas. La palabra humana la encontramos en los límites de la Biblia que expresa los tesoros de lo sagrado por mediación de palabras, valores y acciones humanas. La Biblia es un tesoro en vasos de barro (2 Co 5.1). Cuando el texto bíblico nos interpela y sirve como un espejo para que podamos mirar nuestra vida y ser transformados, viene a nosotros como palabra de Dios. Esta palabra divina la percibimos en la denuncia, anuncio y efectos transformadores que la Biblia produce en los seres humanos.

El gran reformador Martín Lutero fue conducido a llamar a la iglesia a una renovación de su vida espiritual, teológica y social a través del estudio de la Biblia. La historia del encuentro de Lutero con la Biblia fue extensa y profunda. Cuando era estudiante en la universidad se topó con un ejemplar de la Biblia en latín. Se sorprendió, porque tenía la impresión de que las lecturas que se usaban en la misa eran la palabra de Dios completa, pero a través de aquel texto en latín había descubierto un mundo nuevo. Su experiencia con esa Biblia en la biblioteca fue tal, que deseaba con toda su alma tener una Biblia propia. Cuando entró al monasterio de los monjes agustinos, el Vicario General le regaló una Biblia. El aprecio por la Biblia fue tal que Lutero se hizo doctor en Sagrada Escritura.

En la Reforma Protestante, frente a la tradición anquilosada de la iglesia medieval, Lutero esgrimió el lema de sólo la Escritura. La Biblia se afirmaba como el criterio principal para definir la fe y la vida cristiana.

Eventualmente, Lutero tradujo la Biblia del hebreo y el griego al alemán común para que el pueblo germano pudiera conocer la Biblia en su idioma cotidiano. Decía Lutero que la Biblia había que estudiarla como cuando una persona recoge frutos de un árbol. Primero hay que sacudir todo el árbol para que caigan los frutos maduros. Después hay que sacudir cada rama, y finalmente se busca debajo de las hojas. Del mismo modo, los cristianos debían leer la Biblia como un todo, luego debían leer cada libro, prestando atención a cada capítulo. Finalmente, debían leer cada frase y cada palabra, escudriñando cada detalle.

Juan Calvino, el reformador ginebrino, confesó su pasión por la Biblia en su testamento de muerte. Dijo allí: «Doy testimonio de que vivo y me propongo morir en esta fe que Dios me ha dado por medio de Su Evangelio, y que no dependo de nada más para la salvación que la libre elección que Él ha hecho de mí. De todo corazón abrazo Su misericordia, por medio de la cual todos mis pecados quedan cubiertos, por causa de Cristo, y por causa de Su muerte y padecimientos. Según la medida de la gracia que me ha sido dada, he enseñado esta Palabra pura y sencilla, mediante sermones, acciones y exposiciones de esta Escritura.»

Juan Wesley les aconsejaba a los metodistas del siglo XVIII que oraran una hora diaria y leyeran la Biblia una hora diaria. Wesley era de la opinión de que los metodistas debían ser un pueblo de un solo libro, la Biblia. Wesley se definía a sí mismo como un hombre de un solo libro, la Biblia. Para Wesley, los primeros metodistas eran cristianos basados en la Biblia. Para éstos, la Biblia era una autoridad única y suficiente para la salvación.

La Biblia muestra su autoridad como palabra de Dios en las historias de transformación humana que surgen del encuentro entre quienes leen y los relatos de las Escrituras. Las historias de transformación humana a través del encuentro con Dios en las palabras de la Biblia abundan. El místico católico Antonio de Mello plantea que la Escritura es «la parte excelente, el dedo que señala la Luz». Usamos sus palabras para ir más allá de ellas. Lo importante es el Evangelio, no la persona que lo predica ni sus formas. No la interpretación que se le ha dado siempre o la que le da éste o aquél, por muy canonizado que esté. De Mello señala que la Biblia interpela al lector: «eres tú el que interpreta el mensaje personal que encierra para ti, en el ahora. En la Biblia se habla de ti. Cuando plantea si eres cabrito u oveja, no se refiere a los demás, sino a ti. Y, cuando menciona los terrenos áridos, pedregosos o con espinas, no se refiere a diferentes personas, sino a que tú analices cuánto tienes de árido, de pedregoso, de espinoso y también de buena tierra que da el ciento por uno.»

Son muchas las historias que nos muestran el poder de la Biblia en la transformación humana. Estas historias tiene algo en común: el ser humano es liberado de su inautenticidad y falta de solidaridad, y es humanizado por la gracia de Dios. Esa transformación humana se convierte en un bien para la persona, para la sociedad, y para la creación.

El gran escritor del alma rusa, León Tolstoy, cuenta que hasta los 18 años invariablemente leía todas las noches un capítulo de la Biblia y oraba. Pero en una vistita suya a París le tocó dormir con un incrédulo. Cuando lo vio leer la Biblia y orar, se burló de él. Ahí comenzó un gran ocaso en la vida de Tolstoy. Por 20 años no volvió a leer la Biblia ni a orar. Veinte años después tuvo un gran despertar espiritual. Volvió a su vida de lectura bíblica y de oración. Ese despertar se vio acompañado de una gran creatividad literaria que ha inmortalizado a Tolstoy en sus novelas y cuentos.

Jorge Borrow es el padre de la misión a los gitanos. En 1836 se encontró una banda de gitanos. Pensó que debían leer la Biblia. Un gitano que se convirtió tradujo el evangelio de Juan. Este gitano se convirtió en colportor. Llevaba Evangelios por las comunidades gitanas. Las comunidades gitanas que recibieron sus evangelios traducidos contaban cuántas grandes bendiciones habían recibido leyendo el Evangelio.

En la novela *Botín a bordo*, se cuenta de un grupo de tripulantes que desembarcaron en una isla que fue convertida en un antro del crimen. Uno de los marineros trajo una Biblia del barco. Se puso a leerla y su vida fue transformada. Comenzó a enseñar en la isla las enseñanzas de la Biblia. Cuando la isla fue visitada por occidentales por primera vez en 1808, encontraron que era una comunidad próspera, sin vicios, ni crimen, ni cárceles. La Biblia había sido el medio divino para la transformación de los habitantes de aquella isla.

Uno de los padres de la misión en Latinoamérica fue Francisco Penzotti, abnegado colportor argentino. En 1890 fue encarcelado en Perú debido a sus actividades como predicador evangélico y colportor bíblico. En la cárcel escribió el siguiente himno dedicado a la Biblia. Estas palabras del himno me parece que son apropiadas para dar cierre a este libro:

«¿Qué me importan del mundo las penas,
Y doblada tener la cerviz?
¿Qué me importa sufrir en cadenas
Si me espera una patria feliz?

Resignado, tranquilo y dichoso
De la aurora vislumbro la luz:
Mis prisiones las llevo gozoso,
Por Jesús, quien venció en la cruz.

Aunque preso, las horas se vuelan
En gratísimo y santo solaz;
Con la Biblia mis males se ausentan
Para darme la dicha es capaz.

¡Libro santo! Mi estancia ilumina,
Nunca, nunca te apartes de mí;
Contemplando tu bella doctrina
No hay males ni penas aquí. »

Bibliografía

Para lectura subsiguiente

Bruce, F.F., *Los Hechos de los Apóstoles* (Buenos Aires: Nueva Creación, 1992)

Bruce, F. F., *El Canon de la Escritura* (Barcelona: CLIE, 1992)

Brown, R., «Canon», en *Introducción al Nuevo Testamento* (Madrid: Trotta, 1997)

Del Valle, Carlos, *La Misná* (Salamanca: Sígueme, 1997)

Eusebio de Cesarea, *Historia Eclesiástica*. Traducida por Paul L. Maier (Grand Rapids: Portavoz, 1999)

Friedman, R. E., *Anchor Bible Dictionary* (Nueva York y otras ciudades: Doubleday, 1992)

García Martínez, F., *Textos de Qumrán* (Madrid: Editorial Trotta, 1992)

Koëster, H., «Canon del NT» y «Canon del AT», en *Introducción al Nuevo Testamento* (Madrid: Sígueme, 1988)

Levoratti, A, J., McEvenue, S., y Dungan, D. L., *Comentario Bíblico Internacional*. Comentario católico y ecuménico para el siglo XXI (Estella: Verbo Divino, 1999)

Lohse, E., «Formación del canon del NT», en *Introducción al Nuevo Testamento* (Madrid: Cristiandad, 1975)

Marxen, W., «El NT y el canon», en *Introducción al NT. Una iniciación a sus problemas* (Madrid: Sígueme, 1983)

Piñero, A, Torrens, J. M. Y García Bazán, F., *Textos gnósticos. Biblioteca de Nag Hammadi I, II, III* (Madrid: Editorial Trotta, 1999)

Ruiz Bueno, Daniel, *Los padres apostólicos* (Madrid: BAC., 1974)

Vielhauer, P., «El problema de la formación del canon», en Historia *de la literatura cristiana primitiva* (Madrid: Sígueme, 1991)

Glosario

Alegoría: Forma de interpretar un texto en la cual el texto recibe un segundo significado de orden metafórico. La palabra «alegoría», en griego, se refiere a darle un significado distinto a lo que se ha dicho.

Biblia: La palabra biblia, en griego, significa «libros» o «colección de libros». Aquí se refiere a los libros sagrados del judaísmo, del cristianismo católico y del cristianismo protestante. Estas tres tradiciones tienen colecciones comunes y partes y rasgos distintivos.

Biblia hebrea: los 24 libros de la Biblia del judaísmo, dividida en tres partes: Tora, Nebim y Ketubim, esto es, Ley, Profetas y Escritos.

Canon: Listado de todos aquellos libros que una tradición acepta como escritura sagrada y como medida y norma para la fe y la vida de sus comunidades de fe.

Cristianismo formativo: Toda la etapa en los siglos II al IV d.C. en que se deciden los elementos esenciales de la fe cristiana, esto es, la estructura administrativa del cristianismo, sus libros autoritativos (el canon), su confesión de fe (los credos), etc.

Cristianismos originarios: Los cristianos más antiguos, quienes con gran diversidad teológica eventualmente dominaron la identidad del cristianismo.

Deuterocanónicos: Se refiere a los libros añadidos a la Biblia hebrea en la tradición de la Septuaginta (LXX) y que conforman el canon del Antiguo Testamento de las versiones católicorromanas y de las iglesias de Oriente. Incluyen los siguientes libros: (1) Sabiduría, (2) Eclesiástico, (3) Judith, (4) Tobías, (5–6) I y II de Macabeos, (7) Baruc y varios fragmentos en Daniel y Ester. Se les conoce como «deuterocanónicos» porque son una segunda lista de libros autoritativos para la vida y la fe procedente del judaísmo helenista, y esa lista es un segundo canon entre los cristianos, al ser rechazados como libros canónicos por los cristianos protestantes. En el Concilio de Trento (1546) fueron ratificados por los hermanos católicos. Los protestantes conocemos estos libros como los «apócrifos» del Antiguo Testamento. El protestantismo no los reconoce como parte del canon. La palabra «apócrifo», aunque parece tener una carga peyorativa entre algunos, realmente significa escondido, secreto. En ese sentido apunta a una revelación de un secreto.

Docetas: movimiento dentro del cristianismo a principios del segundo siglo que alegaba que Jesús había sido un ser humano sólo en apariencia.

Eusebio de Cesarea (ca. 260–340 d.C.): Historiador cristiano, escritor de *Historia eclesiástica*, libro en que se narraba la historia del cristianismo y sus conflictos desde el primer siglo hasta el tiempo de Eusebio. Fue nombrado obispo de Cesarea en el año 313 d. C.

Exégesis: Estudio del significado de un discurso localizándolo en su horizonte histórico y literario.

Género literario: La forma en que una pieza literaria se cataloga a base de su estructura, estilo, tema y en comparación con otras piezas de literatura similar. El género literario nos permite inferir las partes de un pasaje bíblico y en muchas ocasiones podemos inferir la historia preliteraria de un pasaje. Un género literario le da una señal al lector o a la audiencia de la actitud y precomprensión que hay que asumir frente al mismo. En este sentido da pistas interpretativas para un lector o lectora avisados.

Gnosticismo: Movimiento cristiano heterodoxo que creía que la salvación del espíritu humano se conseguía a través de la revelación de un conocimiento celestial secreto (gnosis).

Historia de pronunciamiento: Un relato en que la narración culmina en algún dicho que expresa algún precepto ético o religioso. Algunos eruditos son de la opinión que estas historias con un dicho clave o sentencia, son un tipo de historias de sabiduría. Estas historias de sabiduría contienen un dicho que ilustra a la audiencia de algún punto medular en el entendimiento de algún problema o conflicto cultural. Un ejemplo de esto lo tenemos en las historias de pronunciamiento de conflicto. El patrón en este tipo de historias es el siguiente: (1) una acción de Jesús o sus discípulos provoca oposición y reto por parte de algún oponente, (2) Jesús responde con algún dicho o hecho que reduce al silencio el señalamiento de su adversario, (3) el oponente no tiene forma de contestar al señalamiento de Jesús.

Historia de tradiciones: Se refiere a la búsqueda de los relatos escritos y orales detrás de un pasaje bíblico. Los pasajes bíblicos pueden tener una larga historia en la cultura oral y escrita antes de cristalizarse en los relatos bíblicos actuales. La historia de las tradiciones busca separar los ecos de otros textos citados, plagiados, cuestionados o simplemente imitados en un texto final. Luego de separar estos ecos a través de un proceso literario, se intenta situar los textos en su contexto histórico y social para comprenderlos en su trasfondo original.

Historias de milagro: Cualquier historia que narre la descripción de un evento milagroso. En el Nuevo Testamento hay cuatro tipos de historias de milagro: (1) sanidad de algún enfermo, (2) exorcismo, (3) provisión de alimentos, (4) historias de rescate frente a las fuerzas de la naturaleza.

J, E, D, P: Siglas para reconocer las fuentes principales del Pentateuco. J proviene del nombre de Dios. El tema de J es la promesa de Dios de librar la historia de la maldición y usar a Abram y su progenie como instrumentos de bendición. La mayor parte de los eruditos cree que es un documento preexílico, pero cada vez más, hay opiniones disidentes que señalan los orígenes de la tradición escrita de J como parte del exilio en Babilonia. E, no la he incluido en el libro, pero se refiere a las tradiciones que usan el nombre Elohim para referirse a Dios, y se escriben desde el punto de vista del norte de Israel (Efraim). Esta narrativa parece tener como tema el temor de Dios, con lo que explica la tragedia de Israel. Esta tradición está en discusión en la academia. Hay eruditos que opinan que E es parte de J. P es el material principal de los primeros cuatro libros de la Tora. Son materiales con intereses sacerdotales (P de «Priestler», esto es, sacerdotal), con gran peso en cuanto a los rituales, el sacerdocio y el sistema de pureza. Se cree que son materiales postexílicos. Algunos eruditos piensan que fue P el redactor de J, E, y D en una sola obra. D se refiere a la mayor parte de los materiales que se encuentran en Deuteronomio. La historia deuteronomista llega hasta la destrucción de Jerusalén, por lo que parece que la última redacción deuteronomista es postexílica.

Marción (ca. 80 al 150 d.C.): Cristiano heterodoxo de Sinope, Bitinia. Publicó el primer Nuevo Testamento conocido el 4 de julio del 144 en Roma. Consistía de 10 cartas de Pablo y un Evangelio similar al de Lucas. Creía que el cristianismo era una religión completamente separada del judaísmo formativo. Enseñaba que el Dios del Antiguo Testamento era un Dios inferior (demiurgo) al Dios revelado en Jesucristo.

Mito: Una historia de la tradición cultural de un suceso divino de profunda significación mediante el cual una cultura intenta comprender eventos de los orígenes remotos desde una perspectiva religiosa. Asuntos tales como la creación del mundo, del ser humano, la muerte, las instituciones culturales, y especialmente las instituciones sagradas son objeto de estos relatos que llamamos mitos. Un mito no es algo ficticio, como en el decir popular de que esto o aquello es un mito. Todo lo contrario, un mito trata de dar una explicación, partiendo de la premisa de lo sagrado, de eventos significativos de la vida y cultura humanas. Los mitos dan valor trascendente y cósmico a los eventos significativos de la historia y el mundo.

Nag Hammadi, textos de: Colección de obras gnósticas encontradas en Nag Hammadi, Egipto, en 1945 y proveniente del tercer o cuarto siglo d.C.

Narrativa: Es una historia contada en forma de prosa o en verso que involucra eventos, personajes, acción y dichos de los personajes, trama, secuencia, y resolución de la trama. Las narrativas relatan un evento coherente.

Q: Fuente hipotética que explica los materiales comunes entre Mateo y Lucas que no se encuentran en Marcos. Lucas y Mateo poseen 235 versículos comunes que no se encuentran en Marcos. Se cree que este documento es cercano a los cristianos más antiguos en Palestina. Estos salvaron toda una tradición de dichos y eventos en la vida de Jesús. Son contemporáneos al ministerio de Pablo y al evangelio de Marcos. Algunos de los dichos de Q presuponen la destrucción de Jerusalén en el año 70 d.C., por lo que parece que circuló como un documento escrito luego de a destrucción de Jerusalén. Mateo y Lucas utilizaron a Q como una de sus fuentes.

Qumrán: El lugar donde un grupo de judíos disidentes contra el sacerdocio macabeo a mediados del segundo siglo a.C. se refugió.

Formaron una secta dentro del judaísmo. En 1945 comenzó toda una serie de descubrimientos de textos de esta comunidad religiosa. Estos textos, conocidos como «lo rollos del Mar Muerto», han sido publicados en español.

Saga: Una historia popular en forma poética. Originalmente eran historias orales que abordaban asuntos de la vida privada, y de gente común. No dependen de informes históricos, sino que son materiales en que participan la tradición oral y la imaginación. En las sagas se relatan eventos extraordinarios sin ningún interés en corroborarlos. Como las sagas son historias populares, el lenguaje que utilizan para hablar de Dios es muy humano. Lo más importante en una saga es el tono poético de la narrativa. En contraste con la historia, que tiene forma de prosa, la saga está en el mundo de los poetas populares.

Septuaginta (LXX): Traducción de la Biblia hebrea al griego. Fue la versión de la Biblia hebrea de la mayor parte de los cristianos primitivos. Contenía algunos libros adicionales del judaísmo de la diáspora.

Sinópticos: Se refiere a los evangelios de Mateo, Marcos y Lucas. Estos se pueden mirar en paralelo y notar la interdependencia literaria.

Sistema de pureza: Las culturas establecen una serie de entendimientos sobre lo que es peligroso porque puede causar la muerte, enfermedad o penuria, y los espacios, tiempos y costumbres que afirman la vida. Las cosas que pueden causar la muerte son señaladas con un sello social como impuras. Lo santo se refiere a aquellas cosas que afirman la vida. La vida se relaciona con la presencia y voluntad de Dios, mientras que lo impuro implica una ausencia de la divinidad. Lo puro o impuro se marca en el espacio, los alimentos, las excreciones del cuerpo, el tiempo, los animales y el mundo del imaginario religioso espiritual.

Tanaka: El nombre de la colección de la Biblia hebrea que incluye la ley (Tora), los profetas (nebim) y los escritos (ketubim).

Tora: Los primeros cinco libros de la Biblia (Génesis, Éxodo, Levítico, Números y Deuteronomio). La palabra Tora, en hebreo, significa primordialmente «enseñanza». Esto se tradujo eventualmente como Ley, con lo que cobró un nuevo significado. El concepto «enseñanza», sin embargo, es más fiel. El relato nos presenta las enseñanzas para la convivencia humana que contienen los relatos de los orígenes de la creación y de Israel, y sus instituciones básicas como fueron interpretadas por distintas tradiciones a través del tiempo.